Otto W. Bringer

Wer bist Du, Papa?

oder

Der lange Weg zu mir

Copyright: © 2020 Otto W. Bringer
Satz: Erik Kinting – www.buchlektorat.net
Umschlag u. Fotobearbeitung: Otto W. Bringer

Verlag und Druck:
tredition GmbH
Halenreie 40-44
22359 Hamburg

978-3-7482-5077-7 (Paperback)
978-3-7482-5078-4 (Hardcover)
978-3-7482-5079-1 (e-Book)

Bibliografische Information der Deutschen Nationalbibliothek:
Die Deutsche Nationalbibliothek verzeichnet diese Publikation
in der Deutschen Nationalbibliografie; detaillierte bibliografische Daten sind im Internet über http://dnb.d-nb.de abrufbar.

Ausschnitt einer Jugendstil-Fassade in Riga

Es musste fast ein halbes Jahrhundert nach seinem Tod vergehen, bis ich mir über meinen Vater Gedanken machte. Zufällig fiel mir ein altes Foto in die Hände. Und schon erinnerte ich mich an dies und das, einen Vorfall, ein Wort. Zu wenig aber, um Gefühle zu wecken. Fragte mich, wer war eigentlich der Mann, der mich zeugte? Groß gewachsen, ein Goliath. So habe ich ihn erlebt und erlitten. Erduldet, bis ich Soldat werden musste. Zurück aus Gefangenschaft mich geweigert. Nicht mehr gehorchen auf Befehl. Endgültig satt, rumkommandiert zu werden. Demokratie sollte kommen, in der jeder das Recht auf Mitsprache hat. Picasso, Miro winkten mir zu: komm. Verließ das Elternhaus, die Welt zu entdecken. Das Leben, die Liebe und mich selbst. Papa und das Elternhaus ad acta gelegt. Es kommt mir vor, als hätte er ohnehin nur die Rolle des «Deus ex machina» gespielt. Ob er sich als Vater fühlte, ohne dass ich etwas davon merkte? Hatte ich falsche Vorstellungen? Oder war er so anders als andere Väter, die ich kannte? Wusste, er war 1915 Soldat in Riga. Entschließe mich, dieses Buch zu schreiben, herausfinden, was ihn beeinflusste. Der Vater zu sein oder zu werden, den ich erlebte. Möchte wissen, ob ich ihn verstehen könnte im Nachhinein. Und lieben.

Inhalt

Was war da noch mal?

Mein Vater lebt nicht mehr. Einundvierzig Jahre tot. Knochen nur noch und kein Gehirn, das ich befragen könnte. Sein Gipskopf bei mir auf der Fensterbank. Zu erinnern. Nach Antworten suchen unter den buschigen Brauen. In seinen aufgerissenen Nasenlöchern, den riesengroßen Ohren, die er Horchlappen nannte. Karl riefen ihn seine Schwestern. Dass er auch noch Otto hieß, erfuhr ich erst bei seiner Beerdigung. Als der Pfarrer versuchte, sich ihm anzunähern.

In frühester Kindheit war er für mich eine Riese. Groß und verschlossen, ein viereckiger Schrank. Arme eiserne Beschläge, die um sich schlugen, aber mich nie hineinblicken ließen. Zuoberst glänzte seine Glatze wie eine Kugellampe. Als man auf dem Sterbebett seine Körperlänge für den Sarg ermittelte, maß er 1,92 m. Fünf Zentimeter geschrumpft in den letzten Jahren. Er soll 1,97 m gewesen sein. Erinnere, als zehnjähriger Knirps sah ich seine Glatze schweben. Hoch über allem Irdischen. Entfernt wie der Vollmond am nächtlichen Himmel. Glänzend wie dieser Erdtrabant sein kahler Kopf. Sah ihn leuchten inmitten der acht Glühbirnen des Kronleuchters im Wohnzimmer.

Papas Glatze vergessen, verdrängt im Laufe der Jahre. Vier Jahrzehnte nach seinem Tod taucht er wieder auf. Nicht als Mond, sondern wie ein Komet, kommt und verschwindet wieder. Mich zu erinnern? Zu strafen im Nachhinein? Zu demonstrieren: Ich bin der Herr im Haus. War er 's oder war er 's nicht? Und warum? Fragen über Fragen. Versuche, Antworten zu erhalten, Klarheit zu gewinnen, wer er wirklich war. Nicht nur der Zweimetermann mit einer Glatze. Und Fäusten wie ein Goliath. Erinnere an Kindheit und Pubertät. Die schlimme Zeit unter den Nazis. Krieg und Nachkriegszeit. Alles fliegt mir jetzt zu. Eins ergibt sich aus dem anderen wie eine Ketten-Reaktion. An deren Knackpunkten ich in irgendeiner Weise beteiligt war.

Spontan fällt mir ein, schon früh musste ich den Kahlkopf meines Papas rasieren. Pünktlich am ersten Samstag nach meinem 14. Geburtstag. Papas Gesicht todernst, als er es mir befahl. Es sei Familien-Tradition bei Bringer, dass der älteste Sohn den Kopf seines Vaters rasierte, sobald er das vierzehnte Lebensjahr vollendet. Ich meinen Vater. Der seinen Vater, meinen Großvater. Großvater den seines Vaters, meines Urgroßvaters. Generationen von Männern, die hoch erhobenen Hauptes ihre Glatze trugen, als wäre sie eine Krone.

Mag sein, sie wären gerne König oder Kaiser gewesen. Um die Jahrhundertwende hatten Männer Vornamen von Herrschern: Wilhelm, Friedrich, Otto. Alle Deutsche Kaiser. Großvater hieß Peter. Möglich, dass seine Vorfahren am Zarenhof Postbriefe verteilten. Denn mein Großvater machte dasselbe. Als hätte er Verteilen in den Genen. Legte täglich die eingegangene Post in Fächer der Filiale Düsseldorf-Bilk. Pingelig genau nach Straßen geordnet.

Mein Vater stolz auf Karl den Großen, erster Deutscher Kaiser. Kannte dessen silbervergoldete Büste im nahen Aachen.

Ein Reliquiar, in dem sein Schädel aufbewahrt wird. Vor jeder Krönung trug ein Bischof die Büste in einer feierlichen Prozession jedem entgegen, der Kaiser werden sollte. Vorbild und Mahnung zugleich. Schulterlang das gelockte Haupthaar. Bart und Schnurbart umschließen die vollen Lippen. Heute wieder Mode, Merkmal reifer Männlichkeit.

Mein glatzköpfiger Papa identifizierte sich trotzdem mit ihm. Feierte seinen Namenstag auf dessen Namenstag, am 28. Januar. Gegen Ende seines Lebens ließ er seine Haare wachsen. Kämmte sie mehrmals am Tag. Schwester Klara erzählte, er habe versucht sie zu zählen, den Handspiegel über sich haltend. Immer wieder Birkin von Dralle darauf geschüttet und gewünscht, sie würden mehr und voller. So wie man sie auf Kaiser Karls Büste sieht.

Guste, seine zweite Frau und unsere Stiefmutter, treue Katholikin. Sie zeigte sich am 28. Januar wenig erfreut. Kaiser Karl, den Sachsenmörder feiern – nein. Kochte zwar Papas liebste Suppe: Linsen mit Speck und Metwürsten. Das Geschenk aber versteckte sie bis zum 4. November, dem Namensfest des Heiligen Karl Borromäus. Im katholischen Heiligenkalender Schutzpatron der Bücher und Bildungseinrichtungen.

Mein Papa, nicht auf die Glatze gefallen, feierte ab da zweimal Namenstag. Zweimal Festessen, zweimal Geschenke. Zweimal er der Mittelpunkt. Ob ich auch so gefeiert würde, hätte ich eine Glatze? Otto gibt es auch zweimal: Kaiser und Bischof von Bamberg. Wart 's ab, die ersten Haare fallen aus. Lassen Lücken zurück. Ob es mehr, dann eine Glatze werden, ist mit egal. Feiere im Gegensatz zu Katholiken seit Jahrzehnten meinen Geburtstag. Einmal geboren und nicht zweimal.

Die Köpfe aller Bringer-Männer waren kahl geschoren. Wie ich auf alten Fotos sah. Frage mich: war es allen ältesten Söhnen bewusst, einer Tradition zu folgen? Erledigten sie die Prozedur einmal in der Woche nur pflichtgemäß? Oder machte es ihnen Spaß, die rosafarbene Kopfhaut von grauen Haarstoppeln zu befreien? Auch Papa den seines Vaters zu rasieren? Quasi den natürlichen Zustand wiederherzustellen? Nie erzählte er uns von seiner Jugend. Es muss auch ihm Vergnügen bereitet haben, das Resultat seiner Arbeit vor Augen. Die obere Hälfte des Globus glatt und glänzend, wie soeben von Gott erschaffen. Ein so gewaltiges Werk musste gesetzlich geregelt sein.

Irgendein pedantischer Bringer es festgelegt haben in seinem Testament. Dieses Papier beim Notar hinterlegt. Die Kopie im Keller unter der Kartoffelkiste versteckt vor neugierigen Blicken. Niemand durfte erfahren, dass er unfähig war, seinen eigenen Schädel zu rasieren. Damit 's in der Familie blieb, seinen Ältesten beauftragt. Als die Wohnung nach dem Tod der Eltern aufgelöst wurde, entdeckte ich im Keller diese Kiste. Ließ sie stehen, wo sie stand. Nichts wert, dachte ich. Bis ein Nachbar anrief und fragte, ob er die Kiste mit den Kartoffeln haben dürfe, sagte ich ja. Die Papiere darunter habe er verbrannt. Geerbt habe ich ohnehin nichts. Beide unverheiratete Schwestern erbten alles. Hab 's ihnen gegönnt, weil sie die Eltern bis zu ihrem Tod gepflegt. Aber was auf dem Papier stand, hätte ich allzu gerne gewusst. Es hat sich in Rauch aufgelöst und bleibt ein Geheimnis wie vieles, was Bringer heißt.

Zurück zur Rasur. Vierzehn Jahre, Latein im Kopf und Ursel, schwarze Locken und Kussmund. Das Gegenteil von Papas Glatze. Sollte sie zum ersten Mal rasieren. Das, was ich mir glatt vorstellte, sah von Nahem betrachtet aus wie ein Stoppelfeld nach der Getreideernte. Im Laufe einer Woche waren die Haare zwei, drei Millimeter gewachsen, dicht an dicht. Die Rasur fällig.

Zuerst erklärte mir Papa vor dem Spiegel im Bad, wie ich es machen soll. Sah ihn Kinn und Wangen einpinseln, bis es schäumte. Mit dem Rasierer vorsichtig über die Haut schaben. Schaum und Härchen blieben am Gerät, die Haut streifenweise blitzsauber und glatt. Den Rasierer abgespült unterm Wasserstrahl. So oft geschabt und abgespült, bis Papa im Spiegel wieder das Gesicht zeigte, das ich kannte.

Papas Schädel musste ich in der Küche rasieren. Er setzte sich in seinen Armsessel am Kopfende des Esstisches. Thronte auf ihm wie bei jedem Essen. Seine Glatze jetzt unter mir, meinen Händen ausgeliefert. Fühlte mich einen Moment größer als ich war. Legte ihm das Handtuch um. Stopfte es zwischen Hals und Hemd, damit es nicht herunterfiel, während ich rasierte. Hätte mich bücken müssen und ihn mit dem Rasiermesser verletzen können. Papa schweigsam während der ganzen Prozedur. Nur zweimal einen Kurz-Kommentar abgegeben. Nahm ich den Rasierpinsel in die Hand: „Echt Dachshaar". Das Rasiergerät: „Gilette aus Amerika." Die Schüssel mit Wasser, Crèmedose und weichwollenes Tuch für ihn nicht der Rede wert.

Zum Glück gab es schon diese Rasierer, die nicht mehr gefährlich waren. Die Klinge lugte schräg und nur zwei Millimeter aus dem Gehäuse. Leicht umzudrehen oder auszuwechseln, wenn sie nach einer Woche stumpf waren. Nicht zu glauben, dass dünne Härchen eine superscharfe Klinge so schnell verschleißen lassen. Früher waren es Klappmesser, wie Barbiere sie heute noch benutzen. Behaupten, nichts rasiere so glatt wie ein Klappmesser. Glatt wie ein Kinderpopo. Lustige Vorstellung: Männer kleine Kinder, ha, ha.

Dann wurde es ernst. Ehrgeiz packte mich, wollte der beste Glatzkopf-Rasierer werden. Seife mit dem Dachshaar-Pinsel kreisen lassen. Kurz in Wasser getunkt, weiter gepinselt, bis es schäumte, die Stoppeln aufrecht standen. Vorsichtig zog ich die Klinge, umgekehrt wie einen Rasenmäher, von hinten nach vorn. Von den Schläfen hoch zur Mitte und zurück. Und zum Schluss die Politur. Mit Wolltuch und einer Art Bohnerwachs. Wischte über die Glatze solange, bis sie glänzte wie der Linoleumboden in der Küche.

Wehe, ich berührte seine großen Ohren. Als wären sie der Eingang zum Paradies. In dem er mit seinem Ego allein war. Kinder und andere Teufel mussten draußen bleiben. Passierte es, schlug er wild um sich, riss das Tuch von der Schulter und trieb mich damit aus der Küche. Er muss sich wohl im Bad vor dem Spiegel betrachtet und für gut gefunden haben. Zum Mittagessen, wenig später, erschien er im frisch gebügelten Hemd mit blauer, weiß gepunkteter Fliege und großem Appetit.

Papa rasieren und polieren gehörte zu meinem Pflichtprogramm. Neben Spülen, Abtrocknen, Einräumen, Herdputzen, den Linoleumboden bohnern. Alles nach Schulschluss und Mittagessen. Täglich die Küche auf Hochglanz bringen. Einmal in der Woche Papas Glatze. Für Hausaufgaben blieb mir die Zeit bis zum Abendessen. Samstags bis zur Abendandacht um 18:00 Uhr.

***

Als hätte Andacht mich erinnert, Papas Mutter, meine Großmutter, ging nie in die Andacht. Ob sie die Stille nicht ertrug, weil man nichts hörte, außer Husten oder Nase schnäuzen? Nichts geschah, was sie interessierte? Langweilig, nur dazusitzen? Auch sie mit großen Ohren gesegnet oder geschlagen. Der Biologe Mendel hat nicht immer Recht. Von wegen überspringen. Papa hatte große Ohren, von dem ich sie geerbt in direkter Linie. Großmutter kannte ich nur mit hochgekämmten Haaren. Sodass ihre Ohren noch größer, die Ohrläppchen noch länger wurden. Das Loch in der Ohrmuschel wie ein Schalltrichter. Flöhe husten zu hören. Ein Hörrohr brauchte sie nicht. Nichts lenkte ab. Kein goldenes Ringlein, kein funkelnder Granat wie bei anderen Frauen.

15

Hoch gekämmt heute wieder modern. Plus Ohrclips oder winziges Taittoo auf den Ohrläppchen. Alles ist Mode. Schuhe, Kleider und Frisuren wechseln öfter als nötig wäre. Nur Tattoos bleiben. Damals trug meine jüngere Schwester Kleider und Blusen der älteren. Mode war sie umzuschneidern, bis sie passten. Tante Änne unsere Nähmaschinenfrau.

Als meine Füße größer geworden, die Schuhe zu klein, schnitt ich vorne in das Oberleder ein breites Loch. Zwei mal fünf Zehen freuten sich. Meine Zunge freute sich nicht. Zur Strafe das Taschengeld gestrichen. Vier Wochen keine Salmiakpastillen kaufen schlimmer als vier Wochen ohne Abendessen. Zehn Pfennig kostete ein Tütchen. Legten die schwarzen, rautenförmigen Lakritze auf dem Handrücken zur Rosette. Leckten und schmeckten das Herbsüße, wo wir auch waren. Auch während des Unterrichts, stand der Lehrer mit dem Gesicht zur Tafel. Oder beschäftigt mit Schülern in den Bänken hinter mir.

Großmutter hatte ebenso große Füße wie ihr Sohn. Große Menschen haben große Füße, sonst verlören sie die Balance. Schloss ich aus dem Physikunterricht. In der Wohnung schluffte sie in Pantoffeln, draußen in geräumigen Pelzstiefeln. Sommers wie winters, als wäre sie eine russische Babuschka.

Verwandte riefen sie Jettchen und nicht Henriette. Niedlich wie es sich anhört, war sie weiß Gott nicht. Fast stieß sie an den Türbalken. Uns kam sie vor wie Papa mit Busen. Liebte bunte Schürzen über einem knöchellangen schwarzen

16

Kleid. In der rechten Schürzentasche griffbereit ein Portemonnaie. Besuchten wir sie, schickte sie uns, meinen Bruder und mich, zuerst ein Liter Bier zu holen. Aus der Eckkneipe schräg gegenüber. Das Mittagessen sei besser zu verdauen. Leichter die Hausarbeit am Nachmittag.

Interessant fand ich den aufklappbaren Deckel des Keramikkruges. Betrachtete ihn lange. Klappte ihn auf und wieder zu. Hören, ob 's klingt oder klackt, wenn Metall auf Keramik fällt. Heute weiß ich, er war aus Zinn gegossen, ein halb plastisches Relief. Hoch aufgereckt auf seinen Hinterbeinen das Pferd. Im Sattel senkrecht ein Reiter mit Krone. Jan Wellem, der Kurfürst von Berg. Komisch, Bringer-Männer lieben Kaiser, Bringer-Frauen Kurfürsten. Ob es an den Geschichtsbüchern im Schulunterricht lag?

***

Und schon die Jan Wellem-Büste im Kopf, ausgestellt im Düsseldorfer Rathaus. Auf einer Säule wie die Büste des Perikles im Vatikanischen Museum. Der 65. Geburtstag meines Bruders Karl nahte. Die Idee im Kopf, ihm einen aus Tonerde geformten Papa-Kopf zu schenken. Es sollte ein Denkmal werden. Sah ihn im Geiste schon auf seinem Bücherschrank hoch oben. Wenn schon nicht in Bronze gegossen vor dem Römer in Frankfurt, wo er wohnte. Papas Kopf galt es nicht mehr wie früher zu rasieren, also äußerlich zu glätten. Wollte ihn mit meinen Händen zum Charakter formen.

17

Sein Äußeres erkennbar. Für jeden, der ihm schon mal begegnet, ein Bier mit ihm getrunken: Blanker Schädel, große Ohren, Ohrläppchen richtige Lappen. Die Lippen leicht geöffnet, als dürstete es ihn. Zwei Nasenlöcher wie der Gotthardtunnel. Das Dreifachkinn fließender Übergang vom Kopf zu Brust und Bauch.

Vielleicht, dachte ich, komme ich so dahinter, wer er wirklich war. Seelenverwandt vielleicht. Meine Fingerspitzen im weichen Ton den Herzschlag spüren. Beim Runden und Schleifen des gewaltigen Schädels Gedanken kommen, die er gedacht. Beim Formen der leicht geöffneten Lippen Worte hören, die sein Geheimnis lüften. Die Büste in Gips abgegossen und bronzen lackiert. Als wäre sie in der Eifel gefunden worden wie die von Nero, dem römischen Kaiser.

Und schon die Neuronen in meinem Gehirn aktiviert. Die Zellen geöffnet und mich daran erinnert, dass eine Büste des Römischen Kaisers Nero auf dem Bücherschrank meines Papas stand. Von seinem Vater geerbt, in Ehren gehalten und vom Staub befreit jeden Tag. Großvater erzählte mir, dass er Zeuge einer Ausgrabung in der Eifel war. Fragte den Archäologen, ob es stimmte, dass Nero Rom anzünden ließ. Nur um die Stadt danach schöner wiederaufzubauen. Der staunte über seine Geschichts-Kenntnisse und fragte ihn, ob er eine Kopie haben wolle. Großvater überrascht, dann begeistert. Nach Papas Tod erbte mein Bruder den Kaiser, inklusive Bücherschrank.

Damals interessierte mich Picassos Plastik «Mann mit Lamm» mehr als Hinterlassenschaften. Papas bronzierte Büste aus den Augen verloren. Und nichts gewonnen. Erinnert nur, was ich ohnehin wusste. Papas wässerig graue Augen. Als wartete Träne darauf, abwärts zu kullern. Statt Zähnen ein künstliches Gebiss. Sah beim Essen die Klammer im Mund. wenn er ihn aufriss, um eine ganze Kartoffel oder ein Hühnerbein hineinzustopfen. Aß dreimal so viel wie ich. Ob es ihm schmeckte, weiß ich nicht. Wir durften beim Essen nicht reden, nicht fragen. Folglich wusste ich nichts über den inneren Zustand meines Erzeugers. Außer dass er furzte aus Spaß. Abwesend den ganzen Tag im Telegrafenamt.

Meine bronzierte Büste ließ mein Bruder in seinem Kistenkeller verschwinden. Ob eins seiner Kinder sie eines Tages ausgräbt und auf seinen Bücherschrank stellt, steht in den Sternen. Ich aber hoffe, dass die Ganglien meines Gehirns aktiv bleiben. Erinnerungen wach rufen, die mich eines Tages erkennen lassen, wer Papa war. Sein wird, solange ich lebe. Und wissen. ob er mich liebte, mehr liebte als die Kopie einer Kaiserbüste.

***

Dreiundzwanzig Jahre im Elternhaus gelebt und nicht herausfinden können, wes Geistes Kind mein Vater war. Was er ersehnte, was verfluchte. Wissen wollte oder vergessen. Warum er jedes Wochenende zwei Kilometer am Rhein entlang spazierte. Einsamer Mann mit einem runden Filzhut auf dem Kopf. Wie ihn damals Pastore trugen. Begegnete ihm einer dieser Zunft, grüßte er Papa: Guten Morgen Confrater. Auf Beerdigungen trug Papa einen Gehrock plus Zylinder. Ich wagte nicht, ihn zu fragen, warum. Er hätte mich gescholten, die Hand erhoben zum Schlag. Gedroht: „Halt 's Maul!" Papa hatte eine eigene Art zu verdeutlichen, was er meinte. Selten ein, zwei Worte. Gelegentlich verklausulierte er seine Meinung.

An Fronleichnam stellte er unsere Gips-Madonna ins offene Fenster. Blauweiß auf lang herunter hängendem Pseudo-Orientläufer. Kerzen brannten, bunte Blumensträuße jubelten Halleluja. Alle sahen, hier wohnt ein Katholik.

Am 20. April, Hitlers Geburtstag an allen Fassaden lange Hakenkreuzfahnen, Führerbilder in den Fenstern. Papa protestierte auf seine Art. Im Gegensatz zu langen Fahnen quetschte er das Symbol der neuen Zeit briefbogenklein ins Lüftungsfensterchen. Mit Aquarellfarben schwarzweißrot gepinselt. Äußerung, die ich auch ohne Worte verstand. Aber erst lange nach dem Krieg. Dass er extravagante Mode liebte, erlebte ich jeden Abend.

Im offenen Fenster der ersten Etage gegenüber Frau Beetz. Hellblond onduliert. Blauen Schal locker um die Schulter gelegt, die Brüste in weißen Spitzenhaltern knapp über der Fensterkante. Neugierig verfolgte sie Spaziergänger oder Prozessionen. Ab und zu das Gesicht uns zugewendet: blass geschminkt, die Wangen gerötet. Hoch gezogen die Brauen. Lange Wimpern klappten auf und nieder. Lippenstifte in vielen Farben wechselten wie der Schal von Tag zu Tag. Zinnober, Karmin, blau, Lila, die ganze Palette.

Papa lauerte hinter der Gardine, bis sie sich wieder zeigte. Täglich um 18:00 Uhr schien sie jemanden zu erwarten. Starrte auf das Gegenüber, betrachtete sie wohlwollend, als wäre es ein Gemälde von Peter Paul Rubens. Dann wieder lästerte er: „«Das Gemälde» hängt wieder aus dem Fenster."

Krieg und Nachkriegszeit haben alles verändert. Papa als leidenschaftlicher Pfeifenraucher in großer Not. In Rauchwarenläden gab es Tabak nur in kleinsten Mengen auf Raucherkarte. Das Risiko groß, ihn illegal auf dem Schwarzmarkt zu kaufen. Fürchtete er, von der Polizei erwischt zu werden? Ins Gefängnis zu kommen? Ein Beamter im Knast? Der gute Ruf dahin. Bisher alle Männer, die Bringer hießen, geradezu vorbildlich. Präsent durch ihre Glatze, aber zurückhaltend in der Öffentlichkeit. Regelmäßig im Gottesdienst. Kein Parteimildglied. Weiß ihre Weste, von innen betrachtet.

Was macht einer, der bisher nicht auffiel durch Einfallsreichtum? Jahrzehntelang gewohnt zu rauchen, Dampf zu inhalieren und wieder auszublasen. Diese zum Ritual gewordene Leidenschaft zu groß, um aufhören zu können, weil es keinen Tabak gibt. Papa schnitt von unserem Kirschbaum die erreichbaren Blätter ab. Fermentierte sie mit einem Mittel aus der Drogerie und legte sie zum Trocknen in den warmen Backofen bis zum nächsten Morgen. Schnitt sie in schmale

Streifen und stopfte den braunen Krüllschnitt in die blecherne Tabakdose. Abends schmauchte er genüsslich seine Pfeife. Im Ohrensessel, den er für sich selber gekauft. Niemand sonst durfte ihn benutzen.

Wenn Gustes Brüder, meine Onkels uns besuchten, war alles anders. Mit Papa vier ausgewachsene Männer auf Stühlen mit hohen Rückenlehnen um den ovalen Tisch im Wohnzimmer. Bei solchen Anlässen der Rauchsalon. Frauen und Kinder nicht zugelassen. Wollte aber wissen, was Männer machen, wenn sie unter sich sind. Versteckte mich hinter dem Fenstervorhang. Beobachtete und wartete darauf, dass was passiert. Redeten, was ich nicht verstand. Bis Onkel Josef sein Zigarrenetui aus der Innentasche seines Jacketts holte. Es aufklappte, Papa und den anderen hinhielt: «Greif zu, eine echte Havanna, die Bauchbinde beweist es», sagte er. So großzügig kann nur ein Bürgermeister sein.

Onkel Josef war Bezirksbürgermeister in Düsseldorf - Benrath. Dachte damals, wäre ich Bürgermeister, böte ich keine Zigarren an, sondern Karamellbonbons. Sah, wie alle dem dicken Ende der Zigarre ein Stück abbissen, als hätten sie es in einem Kurs gelernt. Beleckten es mit ihrer Zunge und zündeten das spitze Ende an. Wie mag Zigarre schmecken? Mir wären Karamellbonbons lieber. Als die Männer in der Runde, von Rauchwolken umnebelt, nur noch Schemen ihrer selbst, ich Hüsteln nicht unterdrücken konnte, entdeckten sie mich. „Möchtest Du auch mal eine schmauchen?" rief Onkel Alex.

Der Volksschullehrer war sehr beliebt bei seinen Schülern, weil er nicht vom Katheder dozierte. Sondern das Thema setzte und sie erst mal machen ließ, bevor er korrigierte. Im Rausgehen sah ich Papas Gesicht rot vor Zorn. Wird er mich verprügeln nach Strich und Faden, wenn ich Onkel Alex Angebot annehme? Erst mal werden sie sich streiten mit Worten. Aufstehen und sich schlagen vielleicht, fürchtete ich.

Verwandtschaft verpflichtet nicht unbedingt zu lieben. Das Beispiel Tante Hedy im Kopf. Hörte die Männer hinter der verschlossenen Tür reden, mal flüstern, Onkel Alex lauthals lachen. Dabei im Takt auf die Oberschenkel klopfen. Es müssen Witze gewesen sein, die Frauen und Kinder nicht hören durften. Beschloss, bei Karamellbonbons zu bleiben.

***

Als ich jetzt darüber nachdenke, was Papa gerne machte außer Pfeife rauchen, fällt mir ein: er malte kleine Bilder. Mit Vorliebe den Zollturm von Zons am Rhein, die Wassermühle bei Kalkum, nördlich von Düsseldorf. Ich sah das ein oder andere, wenn er die neusten dem Kaplan oder anderen Besuchern zeigte. Aquarelle, klein wie Postkarten. Ich habe ihn aber nie malen gesehen. Nie dabei gestanden und gelernt. Nie hat er mit uns über seine Liebhaberei gesprochen. An den Wänden der Vierzimmerwohnung hing keines seiner Aquarelle.

Malte er sie im Geheimen? Und traute sich nicht, sie einzurahmen und aufzuhängen? Die Frage blieb unbeantwortet bis heute. Dafür drängten sich Bilder seines Großonkels «Fritz Beinke» auf. Der, wie ich hörte, in Stadt und Land bis Sidney bekannt, viele Ausstellungen beschickte. Hierzulande Radierungen und Gemälde in Kunsthandlungen und Galerien erfolgreich verkaufte. Auf Versteigerungen sollen manche Motive Höchstpreise erzielt haben. Romantik ist immer gefragt. Außer zwei Landschaften, einem Bauern mit Pfeife hing ein ganz besonderes Gemälde dieses Verwandten bei uns im Wohnzimmer. Prominent zwischen Gläserschrank und einem Fenster ohne Gardine. Im Licht des frühen Nachmittags konnte man sogar feine Details gut erkennen. Die Farben wirkten natürlich, Betrachter fühlten sich in ihre Kindheit zurückversetzt. Nach Großmutters Tod erbte Papa das Bild.

Stelle mir vor, verwandt mit einem international bekannten Künstler wollte Papa selber einer dieser Gilde sein. Kaum die Mäntel abgelegt, lancierte er jeden Besucher zuerst ins Wohnzimmer. Bis vor das Beinke-Gemälde. Jüngere Schwägerinnen mit sichtlichem Vergnügen. Heute denke ich, sie ließen sich gerne drängen, von kräftigen Männerhänden geschubst, ihren Allerwertesten spürten und an Gott weiß was dachten. Nur nicht an Kunst. Kein Wunder, dass sie uns öfter besuchten als die Schwestern meines Vaters. Die interessierte mehr, welche Zeugnisnote ihre Neffen in Latein und Mathematik hatten. Um sie mit erhobenem Zeigefinger und überflüssigen Worten zu ermahnen.

Vor dem Gemälde reckte Papa sich, als müsste er noch größer werden als er war. Wies mit ausgestrecktem Zeigefinger auf dies und das. Ich hörte Worte, die ich erst später im Malunterricht kennenlernte: Umbra, Preußischblau oder Olivgrün. War es die Farbe Zinnoberrot, hielt er den Finger länger drauf. Machte eine Pause und dann mit erhobener Stimme:

„Das ist meine Mama als 6jähriges Kind. Mit anderen ihrer Klasse und dem Lehrer auf einem Schulausflug. Dieses wunderbare Gemälde hat mein Großonkel Fritz Beinke gemalt, FB 1867 hier unten rechts signiert. Die Kleine mit dem zinnoberroten Käppchen muss ich immer wieder anschauen, mir sagen: das ist meine Mama. Vergleiche ich sie mit der 68jährigen heute, wird mir klar, wie schnell die Zeit vergeht und mit ihr die Mode. Heute trägt Mama schwarze Kleider, damals als Kind ein hellblaues Kleidchen, über dem Arm einen weißen Schal. Rot aber musste ihr Käppchen sein. Wie Rotkäppchen das beliebteste Märchen bei Erstklässlern. Immer noch lebendig in unseren Köpfen, habe ich Recht?"

Weder davor noch danach hatte ich ihn so lange reden hören. Als wären Schleusen geöffnet. Mag sein, dass Stolz ihn munter machte. Der Großneffe eines so bekannten Künstlers zu sein. Tante Lore betrachtete das Bild noch, als die anderen schon am Kaffeetisch saßen und redeten. Über was, konnte ich nicht verstehen. Beobachtete die Tante, die sich nicht vom Fleck rührte. Nur den Kopf bewegte. Sie schien auf dem Gemälde immer neue Details zu entdecken. Ob sie an ihren Schulausflug dachte? Den strengen Lehrer, an die Farbe ihres Kleides, ihrer Mütze?

Ich hatte dieses Gemälde erst mit etwa zehn Jahren zur Kenntnis genommen. Aber im Gegensatz zu Papa und meinen Geschwistern nie richtig gemocht. Halte es auch heute noch für eines der im 19. Jahrhundert gefragten Motive. Naturalistisch gemalt Kinder, Bauern und Mädchen in ländlicher Idylle. Eindrucksvoll allerdings der mächtige, barocke, gipsvergoldete Rahmen. In bürgerlichen Kreisen damals beliebt. Wenn ich das Bild geerbt und nicht mein Bruder, hätte ich den Original Beinke gegen einen Picasso-Druck ausgewechselt. Oder einen meiner ersten abstrakten Linolschnitte. Erst am Gegensatz erkennt man den Meister.

In der elterlichen Wohnung war dieses Gemälde für Papa willkommener Anlass, mit einem berühmten Künstler in der Verwandtschaft größer zu sein als er in Zentimetern maß. Und beliebt. Strahlte förmlich, zeigte er das Bild einem neuen Kollegen. Guido aus Mailand, dem eingeheiratetem Neffen. Dem neuen Pfarrer. Frauen himmelten ihn an. War er doch ein stattlicher Mann und verwandt mit einem weltbekannten Künstler. Männer verlangten einen «Münsteraner Korn». Wussten sie, seine Schwägerin Maria besaß eine Schnapsfabrik im Münsterland. Das laute Gerede anschließend täuschte vor, was nicht war. Ob Papa sich als Künstler fühlte – keine Ahnung.

Ich erbte ein Selbstbildnis Fritz Beinkes, eine Radierung. Sie lässt nicht genau erkennen, wie er aussah. Auf mattem Papier gedrucktes bartloses Gesicht, rastlos um sich selbst kreisende Selbstfindungsversuche. Mir gefiel es sehr. Papa trennte sich leicht von dem, was er nicht erklären konnte. Jetzt hängt es neben dem Klavier über meiner ersten Architektur-Zeichnung. Gäste fragen: „Wer oder was ist das?" „Ein Selbstbildnis meines Urgroßonkels Fritz Beinke, berühmter Maler im 19ten Jahrhundert."

Schleppte sie anschließend vor das Portrait meiner Urgroßmutter, vis à vis der Haustür. Auch von Beinke gemalt. Stolz, eine Ahnin im Haus zu haben. Wie mein Papa, fällt mir jetzt ein. «Der Apfel fällt nicht weit vom Stamm» scheint zu stimmen. Bis ich erfuhr, sie ist nicht Papas Oma, sondern die Schwester des Malers. Also Papas Großtante. Meine Urgroßtante. Im Laufe der Zeit freundete ich mich mit dem Gedanken an, verwandt bin ich ja mit ihr. Wenn auch über drei Ecken. Außerdem mit Ölfarben gut gemalt, die Proportionen stimmen. Auf seine Art ein Meisterstück. Mit Firnis überzogen, die Farben nach fast einem Jahrhundert unverändert, dunkel zumeist. Nur Gesicht und Hand meiner Urgroßtante hellrosa. Das schmale Weiß des Kragens ihrer Bluse darüber. Der Rest ist dunkel, undefinierbar. Kein Lichtblick, den ich von einem Gemälde erwarte. Sie wirkt ernst. Sehr ernst. Wie die Gesichter aller Verwandten meines Vaters auf Fotografien. Mit der linken Hand hält sie ein Tuch, das sie als Hausfrau definiert. Der Kragen ihrer dunkelgrauen Bluse mit einer Brosche geschlossen. Von vergoldeten Blättern eingerahmt ein emailliertes Irgendwas.

Aber ihre blauen Augen leuchten, verfolgen mich, wo ich auch bin, wohin ich auch gehe. Selbst hinter der geschlossenen Tür spüre ich ihren Blick im Nacken. Als verfolgte Papa jeden meiner Schritte. Rätselhafte Tante, von der ich lange glaubte, sie ist meine Urgroßmama. Nicht aufgeklärt über Sachen und Personen, die für mich wichtig waren. Nebulös alles in meinem Elternhaus, was klar sein müsste, um es zu begreifen.

Als ich verheiratet war, wollte ich alles anders machen als meine Eltern. In unserem Haus spürten Besucher Liebe und Empathie. Zeigten, wer wir sind und was wir lieben. Offen und ehrlich Meinungen geäußert. Transparent die Fenster, durchgängige Innenräume. Animierend das Essen auf Tischen, die Bilder an den Wänden. Alles hell und es duftete. Nur die Art zu lieben, blieb unser Geheimnis.

Kamen die Eltern uns besuchen, war es, als stäube Vergangenheit herab wie Nieselregen. Stieg auf wie Novembernebel aus allen Ritzen, Löchern, den Fugen des Marmorbodens. Legte sich auf die Gemüter. Traumata aus Kindertagen wurden wach. Und alle unbeantworteten Fragen. „Wie geht 's, wie steht 's? Es hat uns geschmeckt" sagte Guste, höflichkeitshalber. Papa schwieg, sah gedankenverloren aus dem großen Fenster ins Grüne. Als dächte er an früher.

***

Versuche zu erinnern. Seine erste Frau, meine Mutter, hieß Elli. Eine lebenslustige Frau, die gut Geige spielte, erzählte mir Tante Ali, ihre Schwester. Sie starb, als ich Sechs war.

Großmutter managte den Haushalt ein Jahr. Dann kam eine neue Frau. Streng sah sie aus. Den Mund leicht verkniffen. Wir sollten Mutti zu ihr sagen. Dass sie Guste hieß, erfuhren wir viel später. Vater schwieg und sagte nichts mehr. Als hätte er die Sprache verloren.

Nur seine rechte Hand spürte ich, wenn er mich, vom Dienst nachhause gekommen, im Auftrag seiner zweiten Frau ohrfeigte. Weil ich beim Mittagessen mit dem Finger in der Nase gebohrt hatte. Es passierte öfter, besonders in Heuschnupfenzeiten. Einmal versteckte ich mich im Kleiderschrank, als er nachhause kam. Hörte sie reden, Türen schlagen, bis er die Schranktür aufriss und mir drei saftige Ohrfeigen verpasste.

Fragte mich, wenn es schon unanständig ist, beim Essen in der Nase zu bohren, warum schlägt Mutti mich nicht? Sofort, als sie mich erwischte? Heute denke ich, sie wollte sich unter keinen Umständen nachsagen lassen, sie sei eine böse Stiefmutter.

Später, viele Jahre später verdiente ich während der Semesterferien Geld als Schaffner in einem Bus. Auf der Strecke von Düsseldorf nach Velbert und zurück.

Lernte Marga kennen. Verliebt bis über beide Ohren drängte es mich zu tun, was junge Männer tun, um zu erfahren, wie sich Sex anfühlt. Probierte im elterlichen Bad ein Kondom aus, warf es in die Toilette. Drückte ab. Es verschwand nicht im Wasserstrahl. Drückte ein zweites, drittes Mal. Die Tür aufgerissen, das Gummi im Toilettentrichter

sehen und mich drei-, viermal geohrfeigt. Geboxt und ge-
schrien: „Was machst du da? Lass das bloß sein, sonst will ich
Dich hier nicht mehr sehen." Drehte sich um und verschwand im Wohnzimmer. Auf dem Grammophon begann
sich jaulend die «Rheinische» von Robert Schumann zu drehen.

Ich ging in meine Dachkammer, legte mich aufs Bett und
dachte: der hat ja keine Ahnung. Oder vielleicht doch. Nur
viel zu lange schon her. Ob er überhaupt schon mal richtig
glücklich war. Schwor mir, meine Kinder aufzuklären.

Inzwischen glücklich mit Frau und drei Töchtern. Wollte
auch das Verhältnis zu Papa verbessern. Ihm näher kommen,
mehr zu erfahren. Über das, was sich in seinem großen Körper versteckte. Schrieb ihm einen Brief. Damit er ihn ohne
Zeugen lesen konnte. Bat ihn, mir aus seiner Vergangenheit
zu schreiben. Über seine erste Frau, die meine Mutter ist. Ob
er sie geliebt habe, wie ich meine liebe. Er hat nicht darauf
reagiert. Laut Schwester Klara ließ er sich in den Ohrensessel
fallen. Den aufgerissenen Umschlag in der Hand, mein Brief
auf dem Boden. Schluchzte und zitterte am ganzen Körper.
„Schreib ihm nie mehr einen Brief", mahnte mich Klara.

In der Diele hing eine groß gerahmte Fotografie des Zwillingsbruders meines Vaters. Gesicht und Haltung wie mein
Papa, großer, aufrecht stehender Soldat. Typisch für die da-
malige Zeit. Nicht locker, wie man es heute liebt, sondern in
Pose. Steht senkrecht wie ein Pfahl. Uniform, Schirmmütze

auf dem Kopf. Die Arme lose herunter hängend, als wüsste er nicht wohin mit ihnen. Ernst sein Gesicht, die Augen ins Leere gerichtet, wie von einem Gedanken fixiert.

Wir trauten uns nicht, Papa zu fragen, wer das ist. Trauten uns zu gar nichts. Sie könnten uns strafen, weil wir neugierig sind. Kinder haben zu warten, bis Erwachsene ihnen sagen, was sie wissen müssen. Eines Tages hörte ich mit, als Tante Lore fragte: „Wer ist das auf dem Foto? Er sieht Dir ähnlich, ein Verwandter?" Papa erzählte: „Das ist mein Zwillingsbruder. Wilhelm Friedrich sein Name laut Stammbuch. Für uns war er der Willi. Wir beide Soldaten im selben Regiment. 1915 nach Riga abkommandiert. Sein Bataillon schon bald an die Westfront verlegt. Dort ist er im Stellungskrieg bei Ypern gefallen. Ich blieb noch über ein Jahr in Riga, der Hauptstadt Lettlands."

Mehr konnte auch Tante Lore ihm nicht entlocken. Obwohl er sie mochte wegen ihrer Wadenbeine, Sektflaschenähnliche Verführung. Bat sie bei jedem Besuch, auf die Leiter zu steigen und den Rahmen seines Bruderfotos von Staub zu befreien.

Frage mich jetzt, was hat er in Riga gemacht? In einem Land, das ich nur aus dem Erdkundeunterricht kannte. Aus der Geschichte wusste, Deutschland hatte Anfang des ersten Weltkrieges auch Russland angegriffen. Als erstes die baltischen Länder erobert. Menschen zusammengetrieben und Häuser angezündet. Wüsste gern, welche Rolle er dort gespielt. Als gehorsamer Befehlsempfänger seine Pflicht getan? Oder desertiert? Vielleicht liegt dort die Ursache seines Schweigens. Beschließe, nach Riga zu fahren, in der Tasche ein 10 x 15 cm Abzug eines früher gemachten Fotos des Zwillingsbruders. Könnte ja sein, es erinnert sich einer anhand meines Fotos aus der Zeit.

Bahnfahrt rückwärts.

Fahre allein nach Riga. Ohne Marga, meine Frau. Sie hatte sich das Leben genommen. Mit Auspuffgas ihres laufenden 2CV vergiftet. In ihrem Abschiedsbrief beklagte sie sich, nicht mehr gebraucht zu werden. Die Kinder beruflich, auch außerhalb Deutschlands, unterwegs. Ich hatte ihre Zweifel nicht wahrnehmen wollen. Abgelenkt, geschäftliche Probleme zu lösen. Kunden verloren und noch keine neuen. Die Gehälter fällig. Meine Sekretärin versuchte mir Mut zu machen, ich verstand es falsch. Lud sie ein, mit mir zum Italiener zu gehen. Kam spät in der Nacht zurück. Ob das den Ausschlag gab? Vielleicht. Vielleicht hatte auch Alice Schwarzer Margas Meinung beeinflusst: Alle Männer seien Vergewaltiger. Ich muss jetzt allein sein. Ihren Suizid akzeptieren und meine Mitschuld eingestehen. Könnte doch sein, dass ich Papa näher komme, wenn ich ehrlich zu mir selber bin.

Am Schalter fragt man mich: „Wollen Sie wirklich mit der Bahn 1478 Kilometer fahren? Einen Tag und siebzehn Stunden nonstop unterwegs sein? Der Zug ein ganz gewöhnlicher Personenzug ohne erste Klasse. Zweimal umsteigen, in Berlin und Minsk, Weißrussland. Die meisten Fahrgäste Polen und Weißrussen, fahren wieder in ihre Heimat. Zurück vom Urlaub im goldenen Westen. Sie werden sich kaum mit ihnen unterhalten können."

Kaufe die Fahrkarte hin und zurück. Im Kopf: Ich will es wissen. Wissen, wer mein Vater war. Hoffend, bald werde ich ihn mögen. Lieben vielleicht. Wie ich mich selbst liebe, trotz meiner Schwächen. Als kleiner Junge hatte ich große Angst vor seinen Schlägen. Hände die eines Goliath. Wenn er ausholte wie ein Tennisprofi, duckte ich mich rasch, dem Schlag zu entgehen. Er hatte wohl damit gerechnet. Denn seine Linke packte mich am Arm, riss mich hoch. Um mir zwanzig Zentimeter über dem Boden zu beweisen, ich als sein Ältester habe die Strafe verdient.

Vorbild musste ich sein. Drei jüngere Geschwister von mir lernen, dass man gehorchen muss. Auch wenn sie nicht verstehen, warum. Hände falten, beten vor und nach jedem Essen. Nicht nur die Messe, auch die Andacht besuchen. Beichten jede Woche, nicht zu vergessen.

Kinder sündigen gedankenlos, sehen sie andere sündigen. Sahen mich die Geschwister Kirschen vom Baum pflücken, wollten sie es auch.

Hinter den Häusern hatte jeder Mieter dreißig Quadratmeter Land zur freien Verfügung. Gustes Vater hatte in unserer Parzelle einen Kirschbaum gepflanzt. Schon im zweiten Jahr prall voll mit Früchten, denen ich nicht widerstehen konnte.

Als ich mir einmal das Maul vollstopfte mit dunkelroten Schattenmorellen, glaubte ich mich unbeobachtet. Mutti Guste aber sah es und empfing mich an der Tür schon mit einem Riedstock. Der erste Schlag traf meinen Podex. Ich aber rannte davon. Rund um den Küchentisch, den Schlägen zu entgehen. Stiefmutter hinter mir her, bis sie erschöpft stehen blieb, den Stock in den Schrank stellte: „Kirschen gehören ins Einmachglas. Merk Dir das. Zur Strafe kriegst Du heute nichts mehr zu essen. Ab ins Bett." Es war Mittag um Zwei.

Ein Klassenkamerad verriet mir einen Trick, mit dem man solchen Schlägen ausweichen kann. Besser noch, sie wirkungslos macht: „Reibe den Riedstock mit einer aufgeschnittenen Zwiebel ein. Du wirst sehen, er zersplittert beim ersten Schlag. Sieht aus wie ein Rasenbesen, aber harmlos. Fühlt sich an, als streichele jemand Deinen Po."

Natürlich machte ich es. Gespannt auf ihre Reaktion. Zwei Tage musste ich hungern. Papa sollte mir jeden Morgen eine Strafpredigt halten. Ging mit mir ins Bad. Bevor er sich aufs Klo setzte und die Zeitung las, sagte er: „Lass den Quatsch!"

Zum ersten Mal konnte ich ihm nicht böse sein. Ahnte, er möchte gern lieb sein und darf es nicht. Doch in derselben Woche noch ohrfeigte er mich, weil ich den Teller fallen ließ. Reste vom Grünkohl dem rosafarbenen Teppich ein andersartiges Aussehen verliehen. Sodass er in die Reinigung musste. Mir strich Mutti das Taschengeld für drei Monate.

Solche und andere Strafen ärgerten mich und meinen Bruder. Im Gefühl nur noch: raus hier. Planten, die Wohnung der Eltern zu verlassen, um frei zu sein. Ohne zu wissen, dass Freiheit Verantwortung heißt. Wollten selbst entscheiden und tun, was uns Spaß machte. Wie es andere Klassenkameraden schon durften. Ins Kino gehen oder Tischtennis spielen. Hier mussten wir nur gehorchen und Regeln einhalten.

Damit musste Schluss sein. Karl und ich hatten auf der Mansarde eine Kammer mit zwei schmalen Betten. Tisch und zwei Hocker, praktisch für Schulaufgaben, Malen, Lesen oder Basteln. Konnten also ungestört über unsere Flucht reden und überlegen, wie wir es machen. Zuerst Lebensmittel besorgt. In Finchens Lebensmittelladen. Wie immer: „Mutti bezahlt". Brot, Äpfel, eine Dose mit Hering und drei Tüten mit Salmiakpastillen im Schubfach eines ausrangierten Bettschränkchens versteckt. Und gewartet. Schneller als geahnt kam die Gelegenheit, unseren Fluchtplan auszuführen.

Die Eltern gingen selten ins Theater. Mag sein, sie wollten uns nicht einen ganzen Abend allein lassen. Eines Abends aber verließen sie die Wohnung, um sich die Oper „Tosca" anzusehen. Die Gelegenheit günstig, abzuhauen. Muttis Ermahnung, schön brav zu sein und keinen Unsinn anzustellen prallte an uns ab. Packten unseren Rucksack und schlichen gegen Neun die Treppe hinunter. Blieben immer mal wieder stehen und horchten, ob sich eine Tür öffnet. Einer der Mitbewohner könnte uns ertappen und es den Eltern sagen. Aber es ging gut. Freiheit im Kopf, die schwere Haustür aufgezogen und zu Tode erschrocken. Die wir im Opernhaus wähnten, standen vor uns, ebenso erschrocken wie wir. Aber schneller gefasst als wir: „Wohin wollt ihr mitten in der Nacht?" Mutti, unser Gepäck gesehen: „Ihr wollt verschwinden? Das könnte euch so passen. Schluss mit der separaten Dachkammer. Ab sofort schlaft ihr wieder im ehemaligen Kinderzimmer unten. In einem Bett, damit ich euch immer unter Kontrolle habe". Kurz darauf verplapperte sich Tante Änne: Mutti habe in der ersten Pause ein komisches Gefühl gehabt und zu Papa gesagt, wir sollten jetzt nachhause gehen. Irgendwas stimmt da nicht.

***

Der Zug hat Verspätung. Beobachte die Leute neben mir, vor mir und die hinter mir. Drehe mich um, zu sehen, wann kommt denn endlich der angesagte Zug? Vor mir auf dem Abfahrtsschild leuchtet Berlin. Erinnere eine Fahrt in die wiedervereinigte Stadt mit Marga, meiner Frau. Ich wollte auf der «Museumsinsel» das «Ischtar-Tor» von Babylon sehen. Diesen acht Meter hohen Eingang zur Prozessionsstraße aus dem 7. Jahrhundert vor Christus. König Nebukadnezar II. ließ ihn erbauen. Funkelnde, blau in blau glasierte Architektur. Mit goldenen Stieren und anderen Fabelwesen. Ansehen wollte ich ihn und fotografieren. Aufblicken musste ich und schauen. Nichts als schauen und staunen. Das Bedürfnis genießen, stehen zu bleiben bis ich tot umfalle.

Hätte mich nicht meine Frau gedrängt, in die «Alte Nationalgalerie» zu gehen, wäre ich glücklich gewesen. Sie wollte Bilder von Caspar David Friedrich, Manet und Renoir sehen. Im «Friedrichsbau» erleben, wie sportliche Männer schlanke Frauen durch die Luft wirbeln. Bei «Ana und Bruno» Italienisch zu Abend essen. Schloss «Charlottenburg» lockte, «Nofretete» und »Picasso» im Stühlerbau. Des Alten Fritz «Sancoussi» und der «Spreewald». Aus drei Tagen Berlin wurden zwei Wochen.

Kein Problem, die Kinder aus dem Haus. Meine Agentur in guten Händen. Nachfolger eingearbeitet. Mitarbeiter gewohnt, weitgehend selbstständig zu arbeiten. Schon komisch, was mir alles so einfällt, warte ich auf den Zug nach Berlin.

Mein Gehirn muss alles gespeichert haben, was mir wichtig war. Wertekanon nennt es die Wissenschaft. Auch die bruchstückhaften Erinnerungen an meinen Papa gespeichert. Demnach muss er für mich wichtig gewesen sein. Bruchstückweise wenigstens. Die Synapsen funktionieren. Schalten zurück, wenn ich an Bestimmtes aus meiner Vergangenheit denke. Oder wie hier das Abfahrtsschild Berlin sehe.

Im Abteil schon zwei Fahrgäste. Frauen sind 's. Ich der Dritte, ein Mann wie bestellt. Aus Lautsprechern, die so heißen, damit auch Schwerhörige beruhigt sind, wenn die Bahn zu ihnen spricht: „Sehr geehrte Fahrgäste, wir entschuldigen uns für die Verspätung. Wir werden uns bemühen, die Zeit wieder aufzuholen. Damit Sie Ihren Anschluss nicht verpassen. Angenehmen Aufenthalt."

Fahrgäste sagte er, obwohl Frauen heutzutage als Frauen angesprochen werden wollen. Wie aber heißt die weibliche Form von Gast? Gästin? Klingt komisch, noch nie gehört, gelesen. Nicht leicht, Frauen einen Gefallen zu tun. Ein Glück, dass der Duden «Gast» vorschreibt. Auch eine Frau ist Gast. Der Gast und nicht die Gast. Im Duden-Vorstand müssen Männer sitzen.

Zwei weibliche Fahrgäste mir gegenüber. Über ihnen im Gepäcknetz zwei Koffer und drei pickepacke volle Taschen. Wieso drei? Sehe mir eine nach der anderen an. Eine scheint kräftig genug zu sein, mit einer Hand zwei schwere Taschen tragen zu können. Von oben bis unten wohlproportioniert. Bleibt sitzen, wo sie sitzt. Hungrig scheint sie zu sein. Verdrückt nacheinander zwei Sandwiches. Dann holt sie einen Apfel aus einem Beutel. Auch die muss sie noch transportieren, mein Gott. Wischt ihn mit einem unbenutzten Tempotuch ab und beißt hinein, dass es Lust macht. Hätte ich doch Äpfel mitgenommen statt Bananen.

Die andere spindeldürr. Kaum wahrnehmbar als Frau. Nicht so, wie Mann sich Frau wünscht. Meine Marga war, als sie noch lebte. Ihr Körper glich dem der Venus von Milo. Ihr Bild vor mir und alles erinnert. Marga die erste Frau, die ich nackt gesehen. Im Elternhaus nie nackte Menschen. Nicht Papa, meinen Bruder. Schon gar nicht meine Schwestern oder Guste. Zur Scham erzogen und sexuelle Gefühle als Sünde verboten.

Stiefmutter stellte ich mir wie die Hexe von Goya vor, mit lang runter hängenden Brüsten. Sie müssen ihr selbst nicht gefallen haben und Körbchen gekauft, sie hochzuheben. Die katholische Frau eine gepanzerte Eva. Strammt sich ein Korsett um die Hüfte und trägt sogenannte Büstenhalter. Wollte Adam mehr sehen, um handeln zu können, musste er sie aufbrechen wie eine Languste. Jetzt weiß ich, warum Papa sie dann und wann «Guste» rief.

In Kassel steigt ein Mann in mein Abteil. „Darf ich mich neben Sie setzen?" Neben mir sehe ich niemanden. Als ich nicke, zieht er seinen Mantel aus, hängt ihn an den Haken, legt den Hut ins Gepäcknetz. Neben sich ein schmales Köfferchen. „Haben Sie etwas dagegen, wenn ich lese und mich nicht mit Ihnen unterhalte, wie es der Anstand notabene gebietet?"

Sehe ihn verstohlen von der Seite an. Er trägt einen schwarzen Talar mit einem weißen Beffchen unter dem Kinn. Ein evangelischer Pfarrer also. Das könnte interessant werden, denke ich:

„Wie könnte ich etwas gegen Menschen haben, die Bücher lesen. Die Welt verstehen wollen, die Frauen, die Männer. Heiden und Christen, Muslime und ihren Beitrag zur Kultur. Jeder Mensch ist ein Künstler, weil er sich eine eigene Welt erschafft."

Er blickt mich an, auf liebenswürdige Art erstaunt. Und doch irritiert, als sähe er mich durch das Gitter eines katholischen Beichtstuhls. Wartend auf das Bekenntnis meiner Missetaten. „Sie scheinen viel gelesen zu haben. Was ist denn Ihr liebstes Buch? Die Bibel ausgenommen."

„Lange Zeit waren es Gedichte von Rainer Maria Rilke. Seine andere Sicht der Dinge, verklausulierte Wirklichkeit. Bemühte mich, wie er Gedichte zu schreiben. Gedanken verkürzt, verdichtet auf das Minimum des Sagbaren". Habe ich ihn beeindrucken können? Klar gemacht, ich bin ein Mann mit Kultur. Noch will ich nicht darüber reden, dass ich mehr kann als man mir ansieht. Gespannt, wie er reagiert.

„Sie haben Recht, das Wort sagt es: Gedichte sind verdichtete Sprache. Wirklichkeit verwandelt in Mehrdeutigkeit. Rilke einer der wenigen, den ich immer mal wieder lese. Wenn es Herbst wird und die Blätter fallen". Hält einen Moment inne: „Wir alle fallen – diese Hand da fällt – und sieh dir andre an – es ist in allen – und doch ist einer, der dieses Fallen – unendlich sanft in seinen Händen hält."

„Solche Verse bewegen das Gemüt, animieren den Geist, neu zu denken. Lassen uns selbst erkennen in anderem Licht. Wie Mann und Frau in glücklichen Momenten."

Mein Nachbar spricht leise und ich verstehe ihn gut. Seine Lippen artikulieren, wie es Schauspieler müssen. Damit man sie auch in den oberen Rängen gut versteht. Ebenso, wenn er von der hohen Kanzel predigt und alle ihn verstehen müssen. Sonst hätte er kein Prediger werden dürfen. Sympathisch dieser Geistliche, auch wenn er von der anderen Fakultät ist. Möchte wissen, wie er heißt:

„Mein Name ist O.W. Darf ich um Ihren Namen bitten?" Sieht mich überrascht an ob dieses Kürzels. Namen sind aussprechbar, sonst wüsste man nicht. O. W. nennt mich meine Frau gelegentlich. O.W. unterschreibe ich seit Jahren Geschäftsbriefe. Er muss mich als den nehmen, der ich bin. Auch wenn er mich insgeheim Sturkopf nennt.

„Interessant, interessant. Schon in der Bibel heißt es: Gott ist das A & O der Welt. Alpha und Omega, zwei Buchstaben. Erster und letzter des griechischen Alphabets, die alles sagen. Von Ihnen aber weiß ich faktisch nichts." Will darauf antworten, da spricht er schon weiter. Etwas muss ihn sehr beschäftigen.

„Um auf Bücher zurückzukommen, mein liebstes Buch ist das Alte Testament. Prophezeiungen, die man nicht wörtlich nehmen darf, sondern interpretieren muss. Zu begreifen, was sie damals bedeuteten. Eine Geschichte liebe ich geradezu. Die von Adam und Eva. Gott hat sie zwar aus dem Paradies vertrieben, weil sie ihm nicht gehorchten. Aber in der Welt draußen entdeckten sie die Liebe. Liebe zwischen Mann und Frau. Es gibt nichts Größeres als das Bewusstsein, miteinander zu verschmelzen. Schöpferisch wie Gott zu sein. Kinder auf die Welt kommen und sie wachsen sehen, größer werden. Ähnlichkeiten mit Vater oder Mutter erkennen. Nicht nur äußerlich. Wesen vermehren sich, nicht nur biologische Fakten. Weil sie Gottes Geschöpfe sind."

„Ich empfand es ähnlich wie Sie. In den Semesterferien verdiente ich Geld als Schaffner auf einem Bus. Lernte eine junge Frau kennen. Und war Hals über Kopf verliebt. Was immer es war, es muss Liebe gewesen sein. Verdrängten Sex geweckt haben. Sah den Himmel auf Erden und bat sie, meine Frau zu werden. Ihre Eltern akzeptierten den Schwiegersohn. Erinnere, als wäre es heute. Schwiegervater fragte mich, ob ich eine Familie ernähren könne. Wieviel ich monatlich verdiene. Fünfzig Reichsmark – und er gab uns seinen Segen.

Bei meinen Eltern das genaue Gegenteil. Sie recherchierten, Margas Familie ist evangelisch. Stellten mich vor die Alternative: Marga oder Elternhaus? Heiraten oder Du bist nicht mehr unser Sohn. Guste redete auf mich ein, Papa stand dabei, sprachlos wie so oft. Ich packte Unterwäsche, Socken, Zeichenblock und Farbkasten in einen Pappkarton und verschwand aus ihrem Leben. Lebte einige Zeit mit Marga im Gartenhaus einer Kommilitonin. Bis wir in der Dachkammer von Margas Elternhaus ein Zuhause fanden. Heirateten im Altenberger Dom."

„Ich wundere mich O.W. dass Sie der Domprobst nach katholischen Ritus verheiratet hat, obwohl Ihre Frau evangelisch war."

„Beim Brautunterricht stellte sich heraus, dass sie katholisch getauft war. Marga gestand es mir kurz vorher. Ihre Eltern blieben jedoch evangelisch. Ihr Vater konnte in Rheindorf eine Gaststätte übernehmen, wenn er seine Kinder in die katholische Schule schickte. Der dortige Pfarrer muss nicht nur gute Beziehungen zum Schulrektor gehabt haben. Auch als guter Psychologe Margas Eltern überzeugt: In Rheindorf müsse wenigstens einer der Familie sich im katholischen Gottesdienst sehen lassen. Sonst mache man keine Geschäfte."

„Ihre Offenheit beeindruckt mich." Senkte seine Stimme, dass ich ihn nur mit Mühe verstand: „Auch ich stand vor einer Alternative: katholischer Priester oder Frau und Kinder. Der Zölibat beschäftigte mich bereits während des Studiums. Apostel Petrus, erster Prediger der christlichen Botschaft, war auch verheiratet. Erst auf dem Laterankonzil 1139 wurde der Zölibat für katholische Priester verbindlich festgelegt. Luther widersetzte sich dieser konziliaren Verpflichtung. Liebte seine Katharina nach Herzenslust. Heiratete und bekam sechs Kinder. Ich war noch nicht zum Priester geweiht, brach das Studium ab. Absolvierte die evangelische Akademie in Hofgeismar bei Kassel. Wo ich zurzeit als Pfarrer tätig bin. Meine Frau schwanger mit dem dritten Kind."

Werfe einen schnellen Blick auf die Frauen gegenüber. Ob sie mitbekommen haben, was wir uns beichteten?

Die kräftige der beiden wieder mit Essbarem beschäftigt. Ein Brezel ist 's, von dem sie sich müht, die Salzkörner abzuschaben. Mit einer Nagelfeile aus dem Etui auf ihrem Schoß. Salz, das auf den Boden rieselt und liegen bleibt, als hätte es gehagelt. Der Schaffner könnte ausrutschen und sich die Knöchel brechen. Die Polizei rufen.

Die zweite Frau über eine Illustrierte gebeugt. So sehr in Text und Bild versunken, dass ich nur ihren roten Wirrkopf sehe. Einmal hebt sie ihn hoch. Blickt umher, ob alles noch so ist, wie sie es kennt. Ich die «Bunte» entdeckt. Plötzlich verdunkeln Regenwolken das Abteil, Neonröhren zögern aufzuleuchten. Jetzt wird sie an das Gelesene denken und wissen, ob Prince Charles den Tod seiner Diane beweint. Die Jagd verschiebt, das Herbstmanöver. Oder Trost sucht bei der Herzogin von Cornwall.

Wer reist, kann mühelos Ozeane überfliegen. Abtauchen bis zum Meeresboden, der unergründlich wie die Wahrheit ist. Korallen pflücken für das Kollier seiner Liebsten. Den Montblanc besteigen und träumen, auf einer Wolke mit Exupérys kleinem Prinzen die Erde zu umrunden.

Des Nachbarn Stimme holt mich in die Wirklichkeit: „Schauen Sie aus dem Fenster. Über den Wipfeln der Bäume sehen Sie das hoch gereckte Schwert Hermann des Cheruskers. Er soll im Jahre 9 nach Christus die Römische Übermacht mit dreihundert Keulenschwingern besiegt haben. Eher verjagt. Sie kamen den römischen Reitern vor wie eine Herde brüllender Stiere. Apis, den Gott der Ägypter im Kopf, in die Beine ihrer Pferde gepeitscht: weg, weg„ bloß weg von hier.

Glaube versetzt Berge, heißt es lapidar. In diesem Fall machte Glaube Barbaren zu Helden. Gefeiert in allen deutschen Geschichtsbüchern. Im letzten Krieg hat es ihnen nicht geholfen. Im Gegenteil: Der Glaube an Hitler und die Unbesiegbarkeit der Germanischen Rasse zerstob im Bombenhagel der Alliierten. Millionen Menschen zu Staub geworden, bevor sie gelebt. Es ist so eine Sache mit dem Glauben. Wohl dem, der an die Liebe glaubt."

Bevor ich ihm das bestätigen kann, sind wir in Berlin Friedrichsdorf. Langsam rollt der Zug in den Bahnsteig Nr. 3. Wir verabschieden uns. Auf Wiedersehen sagt man. Obwohl Reisende sich selten wiedersehen. Ein aufmunterndes Lächeln ins Gesicht geschickt. Das war 's. Auch ich muss aussteigen, auf Bahnsteig Nr. 7 den Zug nach Minsk erreichen. Wahrscheinlich letzte deutsche Sätze gehört.

Das Wort Liebe kurz zuvor blieb bei mir haften. Wie beim Betrachter das rote Käppchen meiner Ururgroßtante auf Beinkes Gemälde. Rot zieht jeden sofort an, ob er will oder nicht. Rot ist die Farbe der Liebe. Die Farbe des Feuers, das lichterloh brennt wie die Liebe und nicht zu löschen ist. Schon klickt es im Hirn: Mit Vierzehn in Nachbars hübsche Tochter Ursel verliebt. Null Entgegenkommen ihrerseits. Schien kein Interesse an Jungen zu haben. Ins Kino zu Marika

Röck geflüchtet. Das kurze Röckchen, ihre schlanken Beine geliebt. Das Kino traurig verlassen. Leinwände können nicht küssen.

Auch Papa und seine Guste liebten mich nicht. Sonst hätten sie mich umarmt. Geküsst und gestreichelt. Getröstet, wenn ich eine Klassenarbeit verpatzte. In der Turnhalle von der Kletterstange herunter mehr fiel als rutschte und mir den Knöchel verstauchte. Das Wort Liebe habe ich zuhause nie gehört. Nur im Religions-Unterricht die Formel gelernt: «Glaube, Hoffnung und Liebe». Abstraktes Leitmotiv für jeden, der ein Christ sein will.

Weinen war auch nicht erlaubt. Ein Hitlerjunge weint nicht. Er hat stark zu sein. Sich wehren mit Worten. Solange es hilft. Dann mit den Fäusten zuschlagen. Von Hitler hatte ich nie das Wort Liebe gehört oder gelesen. Redete nur von Bedrohung der germanischen Rasse durch Juden und Kommunisten. Und dass er sie ausrotten werde. Jeder aufrechte Deutsche hat sein Vaterland zu lieben. Ihm das eigene Leben zu opfern, droht Gefahr von außen.

Ich weiß, auch Italiener und Franzosen lieben ihr Land, nicht weil es einer befiehlt, sondern, weil es ihre Heimat ist. Gleiche Sprache und gleiche Kulturgeschichte sie verbindet. Nur in ihren Liedern besingen sie Liebe und Tod, Schicksale von Menschen. Deutsche sehnen sich nach «Dolce vita», «Savoire vivre» ihrer Nachbarn. Verkehrte Welt.

Wir mussten unser Land verteidigen. Denn die Nazis brachen Kriege vom Zaun. Überfielen fast ganz Europa. Ermordeten sechs Millionen Juden und andere Volksfeinde. «Lieb Vaterland, magst ruhig sein. Fest steht die Wacht, die Wacht am Rhein». Berauschten sich Männerchöre vor dem Krieg 1914 – 1918. «Wollt ihr den totalen Krieg? Totaler als ihr ihn euch jetzt vorstellen könnt» – schrie Josef Goebbels 1944. Und alle im Saal brüllten: Ja! Ja! Heil, Heil, Heil! In seinem Tagebuch schrieb der Propagandaminister: «Hitler ist unser Gott. Es bleibt uns nichts anderes, als freudig seine Gebote zu befolgen».

Bald werde ich die Neiße überqueren, Nach 1945 Grenze zu Polen. Im Speiseabteil Kaviar vom Stör essen. Oder Suppe von Rotebete, die Matylda für mich kochte, eine Polin aus Krakau. Sie ist meine Akustikerin, seit ich in Freiburg lebe. Seit der Zeit höre ich wieder stereophon und esse die roten Früchte am liebsten in flüssiger Form.

***

Polnisch spreche ich nur die üblichen Floskeln, von Matylda gelernt. Was mache ich jetzt im Zug nach Minsk. Bald muss ich auf Russisch umsteigen. Und dann auf Lettisch. Schnell noch drei deutsche Zeitungen am Kiosk gekauft. „Frankfurter Allgemeine", den Geist zu trainieren. «Bistumsblatt Berlin», zu prüfen, ob mein Glaube noch lebt. «Bild», in jedem deutschen Haus frühmorgens auf der Treppe, blutüberströmt und schreit: lies mich, bevor es Mittag ist.

Tschuldigung, Herr Chefredakteur, jetzt ist Mittag vorbei. Und trotzdem werde ich Ihr Revolverblatt lesen, was sage ich? Studieren Zeile für Zeile, die großen Buchstaben langsam kauen, bis ich sie risikolos schlucken und verdauen kann. Und Bilder, ja Bilder, ganzseitige Offenbarungen der deutschen Seele. Besonders, wenn es Seelen von Frauen sind, die an Stoff sparen statt an Pfunden. Der Weisheit letzten Schluss erfahren auf der letzten Zeitungsseite. Wo sonst? Ahnen, wer mein Papa sein könnte. Nichts darf ich auslassen. Männer wie Papa ein Thema für «Bild»? Vielleicht.

Im Zugabteil Platz gefunden. Die gepolsterten Sitze verschlissen. Sitz und Rücken eingedrückt und nicht mehr komfortabel. Abstand zum Gegenüber genug, um Männerbeine auszustrecken. Noch Platz, Koffer und Taschen abzustellen. Vorausgesetzt, die Herren der Schöpfung geruhen, ihren ausgestreckten Beinen zu befehlen, gefälligst höflich zu sein. Und die ganz normale Sitzposition einzunehmen. Falls einer oder eine das Abteil betritt. Bis auf zwanzig Zentimeter ist alles besetzt. Von Männern in Uniform oder ähnlichem Drillich. In östlichen Ländern gilt noch Gleichheit unter Brüdern. Wo aber ist die Schwester? Babuschka, wo bist Du?

Da tritt sie ins Abteil. Wie Schauspielerinnen die Bühne betreten. Sieht sich kurz um. Wirft ihre Tasche auf die freien zwanzig Zentimeter mir gegenüber, dass sie aufzuplatzen scheint. So kraftvoll der Schwung ihres Arms, wie der eines Mannes. Ehrfürchtig fast die beiden Männer rechts und links dieses Minimums. Rutschen zwanzig Zentimeter. Der eine nach links, der andere nach rechts. Sodass Platz genug für eine schlanke Person entsteht. Die Dame aber bleibt stehen. Was wird sie tun? Ein Schild an die Rückwand picken? Auf dem in deutscher Sprache steht: «Besetzt». Oder auf Polnisch: «Zajęti». Und in den Speisewagen gehen? Erinnere das Schiebeschild auf Matyldas Toilettentür.

Was macht sie jetzt, die Frau im fast besetzten Abteil? Von der ich nicht weiß, ob sie eine Deutsche oder eine Polin ist. Riskiere: „Gnädige Frau, kann ich Ihnen irgendwie behilflich sein?" Guckt, als hätte sie mich nicht verstanden. „Mogę ci pomóc?" Da blitzt sie mich an, als wollte sie mir eine runterhauen. Die rechte Hand erhoben. Ergreift die ledernen Bügel ihrer Tasche, setzt sich, die Tasche auf dem Schoß: „Ich bin keine gnädige Frau, nennen Sie mich Lolita, wenn es sich nicht vermeiden lässt, mich anzusprechen. Oder Jasmin. As you like it."

Öffnet die voluminöse Tasche. Ihre Linke nimmt eine Zigarette aus flachsilbernem Etui, in der Rechten ein Feuerzeug. Es blitzt auf, ein- zweimal und Rauch kringelt sich in Richtung Decke. Rauchen in diesem Abteil nicht verboten. Unter dem Fenster ein ausklappbarer Aschenbecher. Wäre der Platz am Fenster frei gewesen, hätte sie kein Problem. Jetzt muss sie aufstehen. Den Mann am Fenster beim Lesen stören, um Verzeihung bitten. Nur um die Asche loszuwerden. Sich wieder setzen und dieses ganze Rauf und Runter so oft wiederholen, bis die Zigarette keine Zigarette mehr ist. Nur noch Kippe, die man fallen lässt oder ausdrückt in einem Aschenbecher. Gespannt, welche dieser beiden Möglichkeiten sie ergreift.

Zwei treuherzig blaue Augen sehen mich an: „Sind Sie so lieb und holen mir den Aschenbecher. Er lässt sich spielendleicht herausklappen. Hab 's mal gesehen, als sie ihn tagsüber reinigten."

Springe auf, stolpere fast über die Beine meines Sitznachbarn. Schnell will ich es erledigen. Den Wunsch einer schönen Frau erfüllen. Aber es braucht einige Zeit, das blecherne Ding aus seiner Umklammerung zu befreien. „Danke vielmals!" „Gern geschehen." Dass ich noch fünfmal mindestens über Beine klettern muss, war mir klar. Aber fünf Mal „Danke vielmals" zu hören, fünfmal „gern geschehen" zu sagen, war mir jede Mühe wert. Könnte es doch die Ouvertüre zu einer Märchenoper sein. Bringer, du brauchst jetzt keine Frau, lass den Quatsch. Lies deine Zeitungen.

∗∗∗

Frankfurter Allgemeine Zeitung: Merkel immer noch Kanzlerin. Zum dritten Mal dieselbe Person an der Spitze der Republik. Die erste Frau übrigens in dieser Position nach Margret Thatcher in Großbritannien. In der FAZ ein Interview mit Angela Dorothea Merkel. Das Foto zeigt sie, wie man sie kennt auf der ganzen Welt:

Behäbig ein bisschen. In sich ruhend, wenn man ihr wohl will. Hausmütterchen, wenn nicht.

Hose und Jackett mit langen Ärmeln. An deren Ende ihre Hände die für sie typische Raute bilden. Da, wo das Jackett versucht, ihr Wohlstandsbäuchlein zu ignorieren. «Sie schafft das schon», wiederholt die Zeitung Merkels Mantra. Deutschland wäre noch nie mit solcher Umsicht geführt worden wie von Angela Dorothea Merkel. Putin, Macron und der Papst lassen sich gern mit ihr fotografieren. Einigkeit zu demonstrieren, auch wenn sie sich überhaupt nicht einig sind.

Auch Fotos sind heute keine Dokumente mehr, nichts anderes als Täuschung. Ob mit Kamera geschossen oder Smartphone. Im Foto-Shop angeblich optimiert und mit Fake-News im weltweiten Datennetz verbreitet, dass es zum Himmel schreit. 80% aller Daten sollen Falschmeldungen sein. Ins Netz gestellt im Hochgefühl, die ganze Welt zu erreichen, andere wollen mit Feindbildern die Gesellschaft verunsichern. Oder unerkannt jemanden beleidigen, eines Verbrechens zu beschuldigen.

Eigentlich wäre es Aufgabe eines Bistumsblattes, die Menschen aufzuklären. Sünde wider den Geist anzuprangern. Denn Geist allein kann Wahrheit von Lüge unterscheiden. Stattdessen sind sie mittlerweile auch online. Wo man sie kaum von Fake-News unterscheidet. Denn im Datennetz wird nur gehört, wer am lautesten schreit. Feindbilder skandiert: Wer uns nicht folgt, ist unser Feind. Töne, die Kirchen nicht anschlagen dürfen, sie machten sich unglaubwürdig. Schalten eine Stufe herunter. Nehmen in Kauf, dass die Zahl ihrer Anhänger von Tag zu Tag weniger wird. „Lasset uns beten" beruhigt nur noch Einfältige. Vielleicht sollten Christen einen Tag in der Woche streiken. Auf die Straße gehen wie Schüler und Schülerinnen heute: «Monday for Jesus Christ».

***

Die Kippe im Aschenbecher, hellblaue Augen strahlen mich wieder an: „Darf ich Sie zum Dank für Ihre Mühe in den Speisewagen einladen? Hoffe, Sie sagen nicht nein." Nestelt ein Handtäschchen aus der Tasche, hängt es sich um und steht auf. Just in diesem Moment hat einer die Notbremse gezogen. Die Frau schleudert es an die Rückwand und wieder nach vorn gegen meine Brust. Zum Glück war ich bereits aufgestanden. Sonst hätte sie mit gespreizten Beinen auf meinem Schoß gesessen. Oh mein Gott, ich hätte mich schrecklich gefühlt. Geschämt für etwas, was ich gerne getan, aber hier nicht durfte.

Im selben Moment Lust und Kondom im Kopf. Damals im Toilettentrichter. Papa außer sich, als hätte er noch nie eines benutzt. Mag ja sein. Denn ich, Karl und Elisabeth, seine ersten drei Kinder kamen im Abstand von gut anderthalb Jahren zur Welt. Klara, die jüngste ein halbes Jahr nachdem er Guste geheiratet. Hatte Papa, der Katholik, gesündigt? Bevor er die Ehe schloss, Geschlechtsverkehr gehabt? Sein innerer Drang muss groß gewesen sein. Wie bei mir, muss ich eingestehen. Aber ich bereue nichts.

Lege den rechten Arm um ihre Schulter, die Hand hält Abstand zum Körper, der sich bewegt im Rhythmus ihrer Schrit-

52

te. Seltsam dieses schwebende Gefühl, prickelnd zwischen Zögern und Wollen. Schlendern durch die schmalen Gänge von drei Waggons bis in den Speisewagen. Soll ich Lolita zu ihr sagen oder Jasmin? Ein Tisch am Fenster ist frei. Der Aschenbecher schon aufgeklappt.

Wären es drehbare Stühle gewesen wie bei uns, hätte ich ihren gedreht, damit sie sich bequemer setzen konnte. Und ich sie mit leichtem Schwung in die richtige Position zurückdrehen. Kavalier der alten Schule. Leider aber sind es Bänke mit gepolsterten Sitzen. Festgeschraubt und unbeweglich. Auf jeder Seite des rechteckigen Tisches Platz für zwei Personen. Weiße Decke blendet mich unterm Licht. Doch das Veilchen in der Mitte erkenne ich sofort. Lila blüht es im Keramik-Topf. Für jeden Gast zwei Gläser, eine gefaltete Stoffserviette und darauf das Chromstahlbesteck.

Soll ich sie jetzt ansprechen? Sehe sie genauer an, ihr Gesicht, die hoch gesteckten Haare. Goldblond zum Krönchen gedreht auf dem Hinterkopf. An kleinen Ohren goldene Scheiben. Jasmin könnte passen. Wie aber fange ich es an? Mit welchem Thema kann ich Ihr Interesse wecken?

„Jasmin, Sie sprechen perfekt Deutsch, haben Sie in Deutschland studiert?"

„Ich studierte politische Wissenschaften und Germanistik in Heidelberg und Berlin. Da lebe ich immer noch unter dem Namen Tulipane Abramson-Meiering, der zweite mein Mädchenname. Habe ihn behalten, um nicht zu vergessen, woher ich komme.

Sie aber wollte ich provozieren. Und sind prompt auf Jasmin hereingefallen. Wie alle Männer, hören sie diesen Namen. Weiß der Himmel, was sie sich unter Jasmin vorstellen. Im Gegensatz zu Lolita. Da weiß jeder Bescheid, der den Roman von Vladimir Nabokov gelesen oder den Film gesehen hat. Ich denke, alle Männer kennen den Namen Lolita. Von einem kleinen Mädchen gehört, das ältere Männer mit ihrem unschuldigen Sexappeal verzaubert. Willkommenes Stichwort, am Stammtisch den erfahrenen Liebhaber herauszukehren."

Abramson-Meiering also heißt sie. Frauen haben es einfach. Hängen Meiering dran und jeder weiß, sie ist die Tochter, Frau oder Exfrau eines Meiering. Männliche Bringer heißen Bringer, und kein Fremder weiß, wieviel Ehen sie hinter sich haben. Es mag für andere nicht wichtig sein. Aber als Sohn eines Bringer möchte ich schon wissen, warum meine Mama sich nicht Kuhlenberg-Bringer nannte. Stiefmutter Guste nicht Rath-Bringer. Verzichteten sie darauf, weil sie ihn liebten? Alles hinter sich lassen wollten? Papa als Oberhaupt der Familie im Namen als einziger sichtbar bleiben sollte? So wie es Tradition war seit Generationen. Emanzen konnte man damals an einer Hand abzählen. Männer sollten großzügig sein, wenn sie lieben. Ließ meiner zweiten Frau ganz altmodisch den Vortritt: Rose Nissing-Bringer.

Sehe mein Gegenüber an und weiß jetzt, sie heißt Tulipane. Vergesse den Abramson, den Meiering. Denke an gelbe Tulipane in meinem Garten. Blühen länger als rote. Bewahren die

Sonne in goldgelben Blütenkelchen bis in den späten Herbst. Tulipane muss Tulipane mögen. Wie ich Ottilien liebte, gäbe es sie. Im nächsten Bahnhof werde ich nach gelben Tulpen fragen und ihr eine schenken. Einfach so, ohne Hintergedanken. Erst aber das Gespräch fortsetzen:

„Momentan sitzen Sie mit mir im Zug nach Minsk. Was führt Sie dorthin? Oder wollen Sie noch weiter nach Moskau oder Riga? Gar ans Ende der Welt bis Wladiwostok?"

„Ich bleibe eine Woche in Minsk. Besuche eine Überlebende des Holocaust. Frieda Rejsmann. Ich begegnete ihr bei einem Studienaufenthalt in dieser Stadt, als ich nach den Ereignissen im Ghetto während der Nazibesetzung forschte."

„Auch ich bin unterwegs, zu forschen. Sozusagen in Familiengeschichte. Will herausfinden, wie sich mein Vater während des ersten Weltkriegs in Riga verhalten hat. Folgte er als Soldat den Befehlen und machte sich schuldig? Vertrieb Bewohner aus ihren Häusern und steckte sie in Ghettos. Die halbe Stadt dann abgefackelt? Hat er sich verliebt in eine Lettin? Der deutsche Soldat in eine Feindin? Ist er desertiert und hat sich bei ihr versteckt? Peinigte ihn das schlechte Gewissen? Fragen über Fragen. Papa war und ist immer noch für mich ein Rätsel. Bin auf der Suche nach seinem wahren Sein. Vielleicht entdecke ich in Riga die Ursache seines Verhaltens als Vater und Oberhaupt unserer Familie. Möchte verstehen, was diesen großen Mann bewegte. Wissen, ob er fähig war, zu lieben und zu verzeihen."

„Möge es Ihnen gelingen, Ihren Vater besser als bisher kennenzulernen. Auch ich möchte wissen, wie es Frieda jetzt geht. Mit Erinnerungen im Kopf, die sie nie vergessen kann. Sie wollte in Minsk bleiben, wo ihre Eltern, Verwandte und Freunde ermordet und später begraben wurden. Erzählte mir damals, ihr Vater ein Jude, sei Mitglied der kommunistischen Partei gewesen. Juden und Kommunisten damals Feinde des deutschen Volkes, die man ausmerzen müsse. Deutsche Soldaten vertrieben sie aus ihren Häusern. Steckten sie in Ghettos. Die sich wehrten, erschossen sie sofort. Zwangen die anderen, in Kolonnen auf Feldern zu arbeiten, im Krieg zerstörte Straßen und Brücken zu reparieren. Ein Kanten Brot, eine Flasche Wasser ihre Tagesration. Ein Hungerlohn. Sie aber nahmen ihn abends mit ins Ghetto, um ihn mit ihren Angehörigen zu teilen. Denn in den abgesperrten Gebieten gab es weder Geschäfte noch Anschluss ans Trinkwassernetz.

Zehn Jahre war Frieda damals. Im Kopf nur: wo finde ich was zu essen? Auch Spielzeug gab es nicht. Nur den Tod vor der Tür. Blickte sie aus dem Fenster auf die Straße, musste sie mitansehen, wie ein deutscher Soldat ein kleines Mädchen mit dem Kopf an die Mauer schlug, bis er es blutüberströmt und tot zu Boden fallen ließ. Ihre Schreie heute noch im Ohr.

All das könnte wieder geschehen. Mein Mann ist Jude und fühlt sich nicht mehr sicher wie unmittelbar nach dem Krieg. Als der Schock die Deutschen sprachlos gemacht. Jetzt hört man antisemitistische Parolen wieder häufiger, auch in Berlin, der Hauptstadt. Wir überlegen, nach Heidelberg zu ziehen.

Eine Wohnung ist frei. Der Rektor der Uni ein Freund. Besser aber ist die Schweiz."

Da kann ich nur noch schweigen. Nachdenken. Was kann ich als normaler Bürger tun, Fremdenhass zu bekämpfen? Das, was ich am besten kann. Schon länger drängt es mich aufzuschreiben, was mich und andere bewegt. Kürzlich sah ich im Internet das Gesicht eines Zigeuners, das ich nie vergessen werde. Ernst und verloren irgendwie. Seine rechte Hand hält ein reich geschnitztes Kruzifix hoch. Mit Tausenden anderer auf der Wallfahrt nach Saint-Maries-de-la-Mer im Rhone-Mündungsdelta. Das Gesicht des Mannes traf mich wie ein Keulenschlag. Ich muss, muss unbedingt ein Buch über Zigeuner schreiben. Recherchierte und erfuhr, dass auch sie von den Nazis in KZs gesteckt und ermordet wurden. Heute noch diskriminiert. Warum ist der Mensch des anderen Wolf? «Homo homini lupus est» im Lateinunterricht gelernt und nicht verstanden, warum.

Bevor ich Tulipane antworte, steht der Kellner an unserem Tisch, reicht uns die Speisekarte. Bleibt mir nur: „Vergessen können wir dies alles nicht. Sie nicht, ich nicht. Aber die Speisekarte wird uns bestimmt auf andere Gedanken bringen. Lasst uns das Essen dazu benutzen, die Gegenwart zu genießen."

Der Kellner hat eine Glatze. Klein von Gestalt, aber kahl geschoren. Was mag ihn bewogen haben, kahlköpfig durchs Leben zu gehen? Kenne nur meinen Papa und der war ein

Riese. Hoch erhoben sein Haupt, das ich jahrelang rasieren und auf Hochglanz polieren musste. Ob er einen Sohn hat, der ihn rasiert? Wahrscheinlich geht er zum Barbier. Seine Glatze tadellos, sauber und glatt wie ein Kinderpopo. Möchte ihn fragen. Lasse es aber, keine Ahnung, wie das auf Polnisch heißt.

„Möchten Sie einen Aperitif? Cincano, Pernod oder einen Duero-Port?" Habe ich richtig verstanden? Der Mann spricht Deutsch. Mit einem Akzent, aber gut zu verstehen, sodass ich Lust auf einen Pernod bekomme.

„Tulipane, was möchten Sie trinken?" „Ich möchte ein Mineral mit Kohlensäure. Mir ist nach Erfrischendem."

Meinen Pernod verdünne ich selbst. Gieße aus einem Keramik-Kännchen Naturmineral bis an den Strich im Pernodglas: „Santé Tulipane." Blitzschnell ihre Retourkutsche: „Santé Monsieur. Wie heißen Sie eigentlich mit Vornamen?"

„Im Stammbuch steht Otto-Willi. Namen von Kaisern und Königen waren derzeit üblich. Mein Vater Karl wie Karl der Große. Großvater Peter wie der Zar von Russland. Ich sollte Kaiser Otto dem Großen folgen, Kaiser Wilhelm dranhängen. So beschlossen es meine Eltern. Nannten mich aber nur Otto, Willi trotz der Kurzform nie ausgesprochen. In Stammbuch und Führerschein steht Otto Bindestrich Willi. Otto also, bis eine Freundin meinte, ich sollte mich O.W. nennen. Spare Zeit für wichtigere Worte und sei leicht zu merken. Jetzt wissen auch Sie, wie sie mich anreden müssen." „Santé O.W." „Santé Tulipane." Erleichtert, ja glücklich ein bisschen, einander näher gekommen zu sein.

Erleichtert auch, als die Speisekarte in Deutsch vor mir liegt. Vertriebene und Russlanddeutsche besuchen wieder ihre alte Heimat, geht mir durch den Kopf. Geblättert und hängen geblieben. Bei Rotebete-Suppe und Ochsenfilet. Tulipane bei Krabbensalat und Kalbsbries in Currysahnesoße. Hatte die Bildzeitung mitgenommen. Dreimal gefaltet unter den Arm geklemmt. Überlegt, ihre Meinung über dieses Boulevardblatt zu erfahren. Jetzt passt es nicht so recht. Blinzele auf «Bild» neben mir auf der Bank. Aufgeschlagen die Seite mit Kleinanzeigen. Lese: «Rüstiger Siebziger sucht fleißige Frau unter Dreißig».

Kleinanzeige, da war doch was? Mein Bruder schickte mir vor kurzem Kopien von Anzeigen, die unsere leibliche Mama im «Düsseldorfer Anzeigenblatt» veröffentlichte. 1925 muss es gewesen sein. Werde die Texte nie vergessen, die Kopie wie einen Talisman mit auf die Reise genommen. In die linke Innentasche des Jacketts gesteckt, nah am Herzen. Mama sollte mich auch auf dieser Reise begleiten. Und mir helfen, Papas wirklichen Charakter kennenzulernen. Inhalt und Sprache der Kleinanzeigen lassen darauf schließen, dass sie Humor besaß. Etliche von vielen könnte man heute in Sketche integrieren und sich köstlich amüsieren.

Nutze die Pause: „Tulipane, darf ich Ihnen statt eines Zwischengerichts vorlesen, was meine Mama 1925 in einer Zeitungsanzeige veröffentlichte? Sie werden sich amüsieren." „Wenn es mir nicht den Appetit verdirbt, gerne." „Pas du tout" rutscht mir heraus. „Je suis curieux" ihre Antwort. Neu-gierig ist sie, wie alle Frauen.

«Meine Verlobung mit Herrn Karl Bringer erkläre ich hiermit ab heute für aufgehoben. Elli Kuhlenberg».

Die Hochzeit war arrangiert in der Lukaskirche. In einer zweiten Anzeige heißt es:

«Warnung! Ich warne hiermit die jungen Mädchen, dem Karl noch wei-terhin zu trauen. Da er mich heute definitiv geheiratet hat. Elli Bringer, geborene Kuhlenberg».

Eine dritte beweist, dass Mama im siebten Himmel war:

«ANGEBOT: habe meine sämtlichen Schuhe zu verkaufen, da mein Mann versprochen hat, mich auf Händen zu tragen. Elli Bringer, gebo-rene Kuhlenberg».

„Sie muss Humor gehabt haben, Ihre Mama. Sich selbst kri-tisch gesehen und total verliebt gewesen."

„Ich erinnere mich nur, dass sie Geige spielte. Immer mal wieder im Laufe des Tages. Jeden Abend aber saß sie an mei-nem Bettchen und spielte «Guten Abend, gut Nacht, von Englein bewacht». Dass es Johannes Brahms komponierte, wusste ich damals natürlich nicht. Aber es klang so lieb, so schön, dass ich rasch einschlief. Papa brummte dazu seinen

Bass, wenn er gut gelaunt war. Der Chef des Telegrafenamtes ihn gelobt hatte.

Es war eine wunderbare Kindheit. Mama die Regisseurin. Papa eine Nebenfigur in diesem Kindertheater. Ich durfte alles, nichts war verboten. Auf den Tisch klettern, unter Großmutters Rock. Mit einem Löffel Pudding naschen oder mit dem Stiel ins vereiste Fenster ein Gesicht kratzen. Sogar wenn ein Häufchen ins Bett fiel, schimpfte Mama nicht. Denn Papa hielt seine morgendliche Sitzung, bis er wusste, was auf der letzten Zeitungsseite stand. So lange konnte ich es nicht bei mir behalten."

Beobachte Tulipane, sie schaufelt die letzten Krabben auf die Gabel. Hebt sie auf halbe Höhe, ein letztes Mal noch anzuschauen, bevor sie auf Nimmerwiedersehen verschwinden. Der Mund schon geöffnet, die Lippen rot, das Rosa der Krabben zu küssen. Nochmal innehalten und hinein. Langsam kauend genießt sie es. Die Backen bewegt, die Augen verdreht. Ein Prozess, der den Gourmet verrät.

Wie heißt eigentlich die weibliche Form von Gourmet? Noch nie gelesen, noch nie gehört. Gut, dass auch hier der Duden weiß: Mann und Frau identisch. Beide sind ein Gourmet. Gast bei Freunden oder in einem Speisewagen.

„Glauben Sie an Gott?" Fast lässt sie die Gabel fallen, verschluckt sich beinahe: „Was soll denn diese Frage jetzt? Ich sehe keinen Anlass."

„Ich auch nicht, fiel mir nur gerade ein. Es redet ja kaum noch einer über Gott. Und da dachte ich, wir sollten darüber sprechen und wissen, woran wir sind. Ich habe meine Zweifel. Vielleicht gelingt es Ihnen, die Scheidemünze zu wenden und ich glaube wieder, wie als Kind. Ist doch der Zweifel des Glaubens liebstes Kind." Zweimal hintereinander Kind gesagt, einfallslos. Irgendwer oder irgendwas will mich nicht erwachsen werden lassen.

Tulipane räuspert sich, als wollte sie Zeit gewinnen: „Lasst uns erst das Hauptgericht hinter uns bringen. Ein voller Bauch studiert zwar nicht gern. Immer aber noch Platz für neue Gedanken. Zwei Etagen höher registriert, hin und her gewendet und sinken gelassen. Auf dass sie verdaut und verwertet werden können."

Mon Dieu, welch Gedankenspiel in einem Eisenbahn- Waggon. Zwischen Suppe und Kartoffeln sozusagen. Eine schöne Frau mir gegenüber. Papa im Kopf und Mama Elli. Urgroßtante und alles, was wieder auflebt in meiner Erinnerung. Onkel Willi plötzlich, der Bruder meines Papas. Seinen Abschiedsbrief eingesteckt. Ihn nie im Original gesehen, erlebt und doch gespeichert in meinem Gehirn. Wie alles in meinem Leben, das wichtig war für mich eine Zeit. Jetzt aber hungert mich nach Ochsenfilet mit Sauce Béarnaise.

Der Glatzkopf nähert sich, Papa im Kleinstformat. Auf beiden Händen schwebt ein versilbertes Tablett. Schwankt nicht in der Kurve, nichts darf von den Tellern rutschen. Das

Kochkunststück wäre keines mehr. Schreitet wie ein Tambourmajor und lächelt.

Stellt das schwer beladene Silber auf den Nebentisch. Nimmt das Kalb in die linke, den Ochsen in die rechte Hand. Und lässt die Teller mit einem Schwung auf dem Tischtuch vor uns Platz nehmen. Gießt einen Schluck Wein in mein gebauchtes Glas: „Voulez vous goûter?" Probiere und nicke. Dann in beide Gläser, drittelvoll: „Voilá Monsieurdame! Bon appétit!" „Merçi Monsieur". Den 1998er «Nuits-Saint-Georges» hatte er uns nachdrücklich empfohlen. Als Weinkenner und stolzer Sommelier musste er uns «Bon Appétit» wünschen, nicht «Guten Appetit».

„Voullez-vous un Dessert?" Wir sehen uns an, wiegen den Kopf ein paar Mal hin und her, verdrängen das Völlegefühl und sagen wie aus einem Mund: „Crème-Brûllée". Und zwei Glas Champagner «Veuve Cliquot" ruf ich dem Glatzkopf nach.

Da sieht sie mich an, als wollte sie. Auf der Stelle und sofort. Und lässt es sein, zu meinem Bedauern. Ich aber bereits Feuer gefangen, die Tür zum Himmel schon offen. Als hätte Janus, der römische Gott, sie für mich aufgerissen. Um wen zu begrüßen? Wenn schon nicht Tulipane, vielleicht Papa, sollte Gott ihm gnädig gewesen sein. Oder Gott, der Übervater selber mich empfangen.

Erzeuger des ersten Menschen Adam. Eine Glatze hat er nicht auf Gemälden, aber einen Haarkranz auf dem Kopf. Die Stirn ein Schild, der zur Mitte aufsteigt und nicht enden will.

Die Hand segnend erhoben. Einen solchen Gott könnte ich lieben. Zum Glück hat jeder ein anderes Gottesbild. Eines, das er sich selbst zurecht gezimmert. Aus irdischen Versatzstücken, die er liebt. Katholiken im Angesicht des Todes aber wünschen, die Sterbe-Sakramente der katholischen Kirche zu empfangen. Man weiß ja nie.

Onkel Willi muss mir diesen Gedanken eingegeben haben. Manche Menschen sollen über ihren Tod hinaus telepathische Fähigkeiten besitzen. Die Kopie seines Abschiedsbriefes an seine Mutter mitgenommen. In die rechte Innentasche meines Jacketts gesteckt. Mama und Onkel Willi jetzt bei mir. Beide könnten mir Aufschluss geben über Papa. Jeder aus seinem Leben mit ihm. Onkel Willi, Zwillingsbruder meines Papas, mit dem Abschiedsbrief an seine Mutter, kurz bevor er an der Front fiel.

Kann doch sein, Papa hat dieselben Eigenschaften wie er. Zwillinge gleichen sich äußerlich wie ein Ei dem anderen. Warum nicht auch charakterlich? Onkel Willi glaubte an Gott und seine Kirche. Glaubte das Richtige zu tun in Riga. An der Front im Westen. Geglaubt wie die meisten Deutschen. Auch Papa glaubte bestimmt, uns richtig zu erziehen. Weil alle ihre Kinder so erzogen. Frage mich jetzt, warum hat er mich nicht einmal umarmt? Ein einziges Mal nur? Ich hätte es nie vergessen. Warum nicht uns, seinen Kindern, von unserer Mama erzählt? Was er gefühlt, als sie starb? Über Gott gesprochen? Ich werde jetzt Tulipane den Brief vorlesen. Vielleicht versteht sie, was ich nicht verstehe.

„Tulipane, um auf Gott zurückzukommen: Mein Onkel Willi war überzeugt, dass es ihn gibt. Glaubte an den dreifaltigen Gott und seine Kirche. 1915 als Soldat an der kämpfenden Front ständig in Lebensgefahr. Kurz bevor er fiel, schrieb er seiner Mutter einen letzten Brief. Lese ihn Ihnen jetzt vor und bitte Sie, mir danach folgende Frage zu beantworten: Ist es möglich, dass mein Papa wie sein Zwillingsbruder an Gott glaubte und die Heilkraft der katholischen Sakramente? Weil Zwillinge sich nicht nur äußerlich gleichen wie ein Ei dem andern. Sondern auch charakterlich. Beide waren Söhne katholischer Eltern im 19. Jahrhundert.

«Geliebtes Mutterherz, sei eine deutsche Frau, sei stark im Glauben. Es war der Wille des Allerhöchsten, es soll nicht sein, dass ich nach Euch zurückkehre. Liebe Mutter, verzeih mir alles, wodurch ich Dich jemals beleidigt habe. Trage das schwere Kreuz, das Gott Dir auferlegt hat. Suche Trost in unserer heiligen Religion. Sei stark in dem Bewusstsein, dass ich gestorben bin, vorbereitet durch die Sakramente unserer hl. Mutter, der Kirche. Hoffe, dass der allmächtige Gott mir ein gnädiger Richter sein wird. Ich bitte Dich inständig, weine nicht.

Bete für mich.»

„Warum ich den Brief eingesteckt, bei mir trug, kann ich nicht erklären. Vielleicht, um Antwort auf die Frage zu bekommen: ist es Angst vor dem Tod, die Menschen bewegt, an ein Jenseits, den verzeihenden Gott zu glauben? Hätte er überlebt, wäre er vielleicht Atheist geworden. Sie, Tulipane sind eine Frau und spüren, was sich hinter Worten verbirgt. Sagen Sie 's mir, bitte."

„Ich habe großen Respekt vor Menschen, die ihren Glauben bekennen. Den Juden erging es schlimmer im KZ, in der Gaskammer noch. Auch sie glaubten und hofften bis zum letzten Atemzug, Jahwe wird sie retten. Wer nicht in einer solchen Situation war, kann es nicht nachvollziehen. Ob Ihr Vater erlebte, was für ihn ähnlich dramatisch verlief, weiß ich nicht. Vielleicht werden Sie es in Riga erfahren. Vorausgesetzt, Sie fragen nicht nur andere Leute, sondern auch sich selber. Was Sie fühlen und denken, sehen Sie das, was auch ihr Vater gesehen, gefühlt und gedacht haben könnte."

Die Champagnergläser nicht ausgetrunken. Meines halb voll, ihres halb leer. Auf der weißen Tischdecke abgestellt und stehen lassen. Sie zittern und geben sirrende Geräusche von sich. Mir ist, als hörte ich Engel singen. Es muss etwas geben, das größer ist als wir. In jedem von uns ein Funke dieses Seins wie ein Lichtblick. Hoffen und glauben muss schön sein. Reicher an Wundern als an Wissen. Legenden erzählen von Heilungen, wiederauferstandenen Toten. Ob Papa wiederaufersteht? Es wäre ein Wunder, an das ich glauben möchte. So schwer es mir als aufgeklärtem Menschen auch fällt. Ich sollte es symbolisch verstehen. Auferstehen im Sinne von erkennen lassen. Spüre, die Räder unter mir drehen sich langsamer. Laut rappeln sie über Weichen, Weichen. Fluchtwege nach hier und dort. Wir sind in Minsk.

„Hier O.W. meine Karte. Vielleicht sehen wir uns noch einmal. In einem Eisenbahnabteil. . . . oder im Jenseits." Lächelt, umarmt mich, küsst mich auf die rechte Wange, die linke und wieder auf die rechte. „So verabschieden sich Polen seit tausend Jahren und länger. „Spotjają się pronownie."

МИНСК

Minsk in kyrillischen Buchstaben. Überall in der riesigen Bahnhofshalle unlesbare Zeichen. Schilder, Fahnen mit dem Muttergottesbild. Hier müssen die Kommunisten fromm sein, wie in Italien. Da, «International Books» an einem Kiosk. Hin und mich umgesehen. In den Auslagen Stadtführer in Englisch, Französisch, Italienisch und Spanisch. Russisch sowieso, chinesische unterscheide ich nicht von japanischen. Entdecke eine deutsche Ausgabe und kaufe sie. Jetzt nur noch ein Café oder Ähnliches. Nicht weit vom Passaschyrski – so heißt der Bahnhof auf Russisch – ein Hotel. Tische und Stühle draußen und Gäste, die sich mit Kaffee und Kuchen zu vergnügen scheinen. Nichts wie hin.

Im Schaufenster neben dem Hoteleingang lockt die Überschrift zu bleiben: «The heart of Minsk.» Das Herz von Minsk. Finde einen freien Platz, setze mich und stelle den Koffer neben mich. Kaum den Stadtführer aufgeklappt, vor mir ein weißes Schürzchen: „I am enjoy, to see you in our Hotel. What you like to eat or to drink?“

Überrascht, Englisch begrüßt zu werden, dass es Deutsch aus mir heraus rutscht: „Bin ich in Minsk oder London?“ „Oh, Sie Deutscher. Iche lieben deutsche Kuchen. Schwarzewäldere Kirche. Was Sie möchten haben: eine Stück «Belorusochka», ist Kremekuchen mit kandierte Früchte. Oder «Beiker Dyu Soley», ist Käsekuchen. This two cakes from an ancient formula in the bakershop of our hotel. Verzeih, deutsche Sprak, schwere Sprak.“

Lächelt verlegen und wartet. Entscheide mich für Käsekuchen und Tee. Buttercremkuchen musste ich lange genug essen. Denke ich an Feiertage im Elternhaus. Übereinander gestapelt fünf Ringe aus Bisquitteig. Dazwischen eine Schicht Buttercrem mit jeweils anderem Geschmack. Vor lauter Butter aber kaum zu identifizieren. Außen natürlich auch Buttercrem mit Krokant bestreut, der «Frankfurter Kranz». Ob Goethe ihn gemocht hat?

Mutti Guste backte ihn Weihnachten, Ostern und Pfingsten. Tante Änne zu Besuch, lobte ihn, himmlisch sei er geradezu. Guste teilte ihn wie ein Geometer in achtzehn gleich große Stücke. Jedem das gleiche, ihre Maxime. Im Gegensatz zu der des Preußenkönigs Friedrichs des Großen: «Suum Cuique». Jedem das Seine. Bei uns bekam Papa immer das größte Stück Fleisch. Er müsse Geld verdienen, damit die Familie überhaupt zu essen hat. In Ordnung, Papa bekam, was ihm zustand. Warum aber nicht auch mir oder Bruder Karl ein größeres Stück Fleisch? Den ewig hungrigen Gymnasiasten?

An der Kaffeetafel hatte Papa das erste Achtzehntel im Nu intus. Wartete, bis alle satt und Guste ihm die übrig geblieben auf den Teller manövrierte. Eins nach dem anderen in kurzen Abständen. Aufpasste, dass sich die Schichten nicht voneinander lösten. Und auf dem Teppich landeten. Warm war es im Wohnzimmer. Die Heizung hochgedreht. Tante Änne fror schon bei 20° C. Mir scheint heute, auch noch so süßeifrige Besucher hatten nach einem, maximal zwei Stück Butterkremkuchen genug. Verlangten einen Münsterländer Korn, zwei oder drei. Wussten mehr als eine Flasche in der Kühlkiste. Wir Brüder mussten die Kaffeetafel abräumen und in die Küche bringen. Schnell ein Lakritz-Bonbon in den Mund gesteckt, gelutscht und wir fühlten uns besser.

***

Staune, wie schön Minsk nach dem Krieg wieder aufgebaut ist. Auf allen Fotos prächtige Bauten. Klassizistisch das Opernhaus. Moderner Glasbau das Museum des Großen Vaterländischen Krieges. Mit allem, was die deutschen Armeen an unvorstellbarem Chaos hinterlassen haben. Las, noch während des Krieges forderte man die Bewohner auf, alles zu bewahren, was aus diesem Grauen gerettet werden konnte. Später einmal Zeugnis zu geben von Tapferkeit und all dem Leid der Menschen in dieser bis auf die Grundmauern zerstörten Stadt. Russen scheinen, anders als Deutsche, ihre Geschichte in Erinnerung behalten zu wollen.

Abgewrackte Panzerwagen, Reste abgeschossener Flugzeuge, Geschützlafetten. Das aus Restbeständen nachgebaute Todeslager «Trostenez» mit Häftlingen, aus Wachs wahrscheinlich. Keine Menschen mehr, nur noch Haut und Knochen. Augen, die uns aus Löchern ansehen. Auf ihren gestreiften Anzügen der Judenstern. Eingebrannt in ihre nackten Arme die sechsstellige KZ-Nummer.

«Madame Toussaud» sollte einen von ihnen in ihrem Wachfigurenkabinett ausstellen. Geschlagen, erschossen neben Hitler auf den Boden legen, nicht weit von Winston Churchill. Das menschliche Drama der Nazi-Periode hätte Chancen, ewig präsent zu sein wie die Queen. Zu mahnen die ewig Gestrigen.

Nachgestellt auch Kampfszenen von Partisanen. Menschen in Kellern, die um ihr Leben bangen. Auf einem überdimensionalen Foto deutsche Soldaten mit schussbereitem Gewehr. Bewachen einen Zug gefangener Partisanen auf dem Weg zur Hinrichtung. Männer, Frauen jeden Alters. Einer Frau hatten sie ein großes Schild umgehängt: «Ich habe einen deutschen Soldaten getötet». Uniformierte schauen zu und lachen, zivile Einwohner der Stadt wenden sich ab und scheinen zu weinen.

Eindrucksvoller als der Gedenkraum in Jerusalem, den ich von Touristenfotos kenne. An dessen Kuppel Fotos von über zweitausend in KZs ermordeten jüdischen Kindern. Von wie vielen mag es keine Fotos gegeben haben?

***

Das sehen und lesen, ergreift es mich wieder. Wie 1945 nach Kriegsende, als ich einen Film der BBC über das gerade befreite KZ in Auschwitz-Birkenau ansehen musste. Ausgemergelte Gestalten, die sich nur mit großer Anstrengung aufrecht halten und gehen konnten. Die meisten am Boden, gestolpert, gestürzt oder erschossen auf dem Weg zur Gaskammer. Die englischen Besatzer wollten uns mit diesen Ungeheuerlichkeiten konfrontieren, damit wir erkennen: wir sind Kriegsverbrecher. Auch wenn Millionen deutscher Frauen Opfer waren, der Mann gefallen, die Kinder keinen Vater mehr. Widerstand einzelner fand nur vereinzelt statt. 1938 aber wählten 91,1% der Deutschen Hitlers NSDAP, als hätten sie taubstumm nichts mitbekommen.

Ob Papa ihn gewählt hatte, weiß ich nicht. Über Politik sprachen sie nie. Selbst nicht, als ein halbes Jahr nach der Wahl 1938 die Synagoge in Brand gesteckt, Juden aus ihren Häusern getrieben, Möbel, Klaviere aus den Fenstern auf die Straße geworfen wurden. Sogar auf Düsseldorfs Prachtstraße, die «Königsallee». Sah es auf dem Weg zum Gymnasium und dachte mir nichts dabei. Selbst der Religions-Lehrer ließ nicht durchblicken, dass er es unangemessen fände. Ob er noch wie viele Katholiken Juden für Feinde hielt, weil sie ihren Herrn Jesus ans Kreuz schlagen ließen? Dabei war er doch einer von ihnen. Immer schon mussten Feindbilder herhalten, Taten zu rechtfertigen. Zuhause nur Andeutungen gehört, aber nicht verstanden.

Erinnere Luftschutzkeller bei einem der zahlreichen Bombenangriffe auf Düsseldorf. Außer Papa nur noch ein Mann im Haus. Beide weit über fünfzig. Alle anderen in Uniformen gesteckt, gedrillt und an die Front geschickt. Die beiden hatten mit einem dritten Mann Eisenbahnschwellen herangekarrt und mit ihnen die Kellerdecke abgestützt. Frauen und Kinder sicherer wähnten als ohne. Die beiden Männer, Papa Karl und Theo Uttendorf, müssen sich in einer geheimen Sprache verständigt haben.

Erinnere, Papa erhob seine rechte Hand wie zum Hitlergruß. Sah Theo an und sagte; „So hoch liegt der Schnee in Dachau." Symbol für Berge Ermordeter, das sie ganz sicher richtig verstanden. Aber nie gewagt, es außerhalb des Luftschutzkellers zu wiederholen.

Während die Frauen auf Hockern saßen, strickten oder den Rosenkranz beteten, beobachteten wir Kinder draußen den Himmel. Über uns Leuchtbomben wie Christbäume, Tannen mit brennenden Kerzen. Bombenziele in helles Licht zu tauchen, um sie sicher treffen zu können. Unsere Flugabwehr versuchte feindliche Flieger mit Scheinwerfern zu erwischen. Hatten sie sie einmal in ihrem Fadenkreuz, konnten sie mit etwas Glück abgeschossen werden. Uns faszinierte das Hin und her, das Überkreuz vieler Strahlen. Wie weiße Finger sahen sie aus am schwarzen Himmel. Der ständige Lärm explodierender Bomben in der Stadt störte uns nicht.

Waren die Flugzeuge wieder auf dem Heimflug, nutzten wir die Zeit bis zur Entwarnung. Pflückten trotz Verbots Tomaten aus Nachbars Garten. Genossen die reifen, nachtkühlen roten Früchte. Süß schmeckten sie, süßer als die auf Lebensmittel-Karte in Finchens Laden. Spielten mit Nachbarskindern. Ich suchte die Nähe zur gleichaltrigen Eva. Drückte ihr ein Liebesgedicht in die Hand und hätte sie geküsst am liebsten. Aber nicht getraut, sie hätte ein Kind kriegen können. Nazi-Deutschland in solchen Momenten weit, weit weg, auf einem anderen Planeten.

Die Naziregierung von Anfang an darauf erpicht, ihre Ideologie dem deutschen Volk einzutrichtern. Lange Namen ihrer Organisationen, das ganze Wehrpotential kürzten sie ab. Damit es sich jeder leicht merken, im Schlaf noch aufsagen konnte. National-Sozialistische-Deutsche-Arbeiter-Partei NSDAP. Sturmschar Hitlers SS. Sturmabteilung SA. Hitlerjugend HJ. Bund deutscher Mädchen BDM. Reichsarbeitsdienst RAD. Kinderlandverschickung KLV.

Nach den ersten Bombenangriffen der Engländer begann die Regierung Kinder während der Schulferien aus bombengefährdeten Städten aufs Land zu bringen. Ich dreizehn Jahre, Karl mein Bruder elf, Schwester Elisabeth neun. Erinnere mich an den Abschied auf dem Düsseldorfer Hauptbahnhof. Mutti Guste und ihre Schwester Änne winkten uns lange nach, als wir im Zug südwärts rollten. Ich weiß nicht mehr, wieviel Stunden bis Linz an der Donau unterwegs. Dann in Bussen nach Kirchschlag, nahe der tschechoslowakischen Grenze. Das Land damals von deutschem Militär besetzt.

Zum ersten Mal ganz auf uns allein gestellt. Spürte erste zaghafte Gefühle von Freiheit. Schulferien ganz neuer Art. Die Eltern weit, weit weg. Papa sowieso, im Dienst unabkömmlich, hieß es. Keine Zeit gehabt, uns zum Bahnhof zu bringen. Vier lange Wochen in einem Heim für Kinder. Frauen in Schwesterntracht ersetzten die zuhause gebliebenen Mütter. Küssten uns vor dem Einschlafen. Spielten mit uns «Mensch ärgere dich nicht». Ließen uns viel freie Zeit. Rasch kam ich auf die Idee, ein Theaterstück zu spielen. Noch nicht lange her, als ich zum ersten Mal in Düsseldorfs Opernhaus auftrat. Als Gassenjunge in Georges Bizets «Carmen». Bald danach als Knappe in «Undine» von Albert Lortzing. Hielt mich also für prädestiniert, hier den erfahrenen Theatermacher zu spielen.

Skizzierte die Handlung, erinnerte den Inhalt der Texte für die Hauptrollen. Übernahm Regie und die Rolle des Wasserfürsten «Kühleborn». Die berühmte Arie im Kopf, als er Undine, seine Tochter, auf ewig ins Reich der Wassergeister verbannte. Nachdem ihre Liebe zu einem irdischen Mann gescheitert. Für die Rolle der Undine hatte ich Eva, ein hübsches, blondes Mädchen aus Graz ausgewählt. Mein Gott, war ich verliebt, zum ersten Mal richtig verliebt. Kaum wieder zuhause, ihr geschrieben, aber keine Antwort bekommen. Zum ersten Mal erfahren müssen: Herz kann sich nur auf Schmerz reimen.

Nach dem Mittagessen zwei Stunden auf Holzliegen Verdauungspause. Langweilig und nichts tun können. Froh, einen Schreibblock und Stifte mitgenommen zu haben. Zeichnete und schrieb auf, was mir einfiel. Erste Versuche, Worte zu reimen, ein erstes Gedicht für Eva. Fühlte mich gut. Weniger gut, eher peinlich, Fieber messen morgens und abends. Nicht unter dem Arm, sondern im Po. „Hosen runter", rief die Schwester, stach zu, ließ uns mit dem Thermometer fünfzehn Minuten allein. Mussten still wie eine Mumie liegen, uns nicht bewegen. Lang, lang ist 's her. Erinnert die drei Buchstaben KLV.

Eine der Abkürzungen für mich schicksalhaft: FLAK für Flugabwehrkanonen. Mit Sechzehn mussten alle Schüler Soldat werden. Ich in der Obersekunda. In eine Uniform gesteckt, um als Luftwaffenhelfer Dienst für 's Vaterland zu leisten. Wir waren sogar ein bisschen stolz, ernst genommen zu werden. Eine blaugraue Luftwaffenuniform zu tragen und keine braune mehr wie bei der Hitlerjugend. In Flakstellungen helfen, feindliche Bomber abzuschießen. Granaten bis vor die Geschützrohre schleppen, die leeren Hülsen in einem Bunker lagern. Andere drehten den Auffangtrichter erster Radar-Geräte, feindliche Flieger zu orten. Und die Mess-Daten weiterzugeben an die Flugleitstelle.

Auch Schüler jetzt verpflichtet, dem Vaterland zu dienen. Für diese Tätigkeit gab es keine Kurzform. LWH könnte missverstanden werden. Nannte uns Luftwaffenhelfer oder Flakhelfer, was Sache war. Auch die Jugend musste ihren Beitrag zum propagierten Endsieg leisten. Eine Reichsmark pro Tag der Sold. Uns aber zahlte man nur 0,50 RM aus. Wöchentlich 3,50 RM. Die zweiten 0,50 RM sollten an die Eltern nach Ende der Dienstzeit fällig werden. Die bedingungslose Kapitulation am 8. Mai 1945 verhinderte die Zahlung des Restgeldes. Vier Ereignisse in guter Erinnerung.

Den Bombenangriff auf die Rheinbrücke direkt neben unserer Stellung. Zum ersten Mal hatte ich Angst, richtig Schiss in der Hose. Als es krachte um uns herum und nicht aufhören wollte. Explosion nach Explosion. Weiter, näher. Der Erdwall ums Geschütz getroffen. Erdklumpen, Steine flogen, Metallsplitter. Hinlegen brauchte mir niemand zu befehlen. Presste meinen Körper an den Boden, zog den Stahlhelm tief übers Gesicht, als könnte es helfen: „Lieber Gott, ich will nicht sterben. Lass es vorüber gehen". Es ging.

In der Stellung setzten wir den Schulunterricht fort. Eine Baracke ummöbliert, in der wir an freien Wochenenden musizierten oder Theater spielten. Der militärische Drill an den Nachmittagen aber überhaupt kein Vergnügen. Der Leutnant ein Gernegroß. Zwang uns, zwanzig Liegestütze zu machen, wenn unsere Hacken nicht hörbar zusammenschlugen beim Gruß.

Eines Tages waren wir es leid, erzählten es Dr. Battes, unserem Deutschlehrer. Der erschien am nächsten Morgen in der Uniform eines Hauptmanns vom ersten Weltkrieg. «Pour-le-Merite» und «Eisernes Kreuz» erster Klasse am Kragen und viele Orden und Ehrenzeichen auf der Brust. Als der Leutnant nach Schulschluss die Baracke betrat, uns zu schikanieren, riss er die Hacken zusammen: „Heil Hitler Herr Hauptmann!" „Guten Morgen Herr Leutnant." Ab da hat er uns nie mehr drangsaliert. Wir könnten es Dr. Battes erzählen und der sich bei seinem Vorgesetzten beschweren. Der den Leutnant versetzen oder degradieren. Wofür eine Uniform auch gut sein kann.

Weihnachten 1944. Major Goebel, privat Besitzer einer Brotfabrik in Köln und Katholik, ließ eine zehn Meter hohe Tanne auf dem freien Patz zwischen den drei Geschützen aufstellen. Trotz Verdunkelungsvorschrift mit elektrischen Kerzen behängen. Wir angetreten wie immer bei Apellen und warteten. Bis sein Vorgesetzter Oberstleutnant Übler seine Weihnachtsansprache hielt. Den urdeutschen Charakter des Weihnachtsfestes betonte. «Hohe Nacht der klaren Sterne» anstimmte. Ein Lied, das die Hitlerjugend in nächtlichen Zeltlagern sang. Kaum einer von uns Jungen hatte Lust mitzusingen, «Zu Betlehem geboren» im Kopf. Die älteren Kameraden schwiegen, weil sie es nicht kannten.

Bis Major Goebel mit seinem kräftigen Bariton «Stille Nacht, heilige Nacht» intonierte. Trompeter unserer Musikkapelle bliesen es himmelwärts, sodass die Sterne nicht anders konnten als funkeln. Endlich Weihnachten, wie wir es kannten und liebten. Jung und Alt sang alle Strophen von einem Zettel, den der Major vorher verteilen ließ. Bratkartoffel gab 's zum Fest und Spiegelei. Statt Eintopf wie sonst.

An Radar-Geräten und Messtischen waren Luftwaffenhelferinnen beschäftigt. Nur wenige Frauen im Männergeschäft. In eine Zwanzigjährige hatte ich mich verguckt. Redeten miteinander, ergab sich eine Gelegenheit. Besuchten am nächsten freien Samstag das Kino im Apollo-Theater. Zarah Leander sehen. Ich hatte keine Lust danach bei meinen Eltern zu nächtigen. Schön wär 's, die Nacht bei ihr zu verbringen. Da sagte sie schon: „Du kannst bei mir schlafen." Hakte sich bei mir ein und trällerte „Kann denn Liebe Sünde sein". In ihrer Wohnung tranken wir noch einen Likör, bevor sie ein Laken aufs Sofa legte, Wolldecke und ein Kopfkissen. Stand dabei und sah ihr zu und küsste sie schon in Gedanken. Zog die Uniform aus und legte mich hin, wartete der Dinge, die kommen mussten.

Eingewickelt in einen plüschigen Bademantel, nicht im Négligé, kam sie zu mir ans Sofa. Ozeane von mir entfernt. „So, mein lieber Otto, jetzt wird gebetet". Faltete meine Hände: „Jesuskindchen klein, mach mein Herzchen rein, sollst immer drin wohnen, nur Jesus allein."

Zuhause habe ich es nicht erzählt. Nicht aus Angst, eher ein Geheimnis, das nur mir gehörte. Papa würde dafür vielleicht Verständnis haben. Aber nichts seiner Frau sagen. Aus Angst, sie reagiert bösartig.

Und schon bin ich wieder bei meinem Vater. Frage mich: war Papa in dieser Zeit auf der richtigen Seite? Oder hat er den Mund gehalten wie die meisten, aus Angst vor der Geheimen Staatspolizei? Man erzählte so viel. Papa, der große, starke Mann ein Feigling? Oder diplomatisch? Das muss ich herausfinden.

Noch aber habe ich Krieg im Kopf. Siebzehn Jahre jung, als es dem Ende zuging. November 1944 eingezogen wie Hunderttausende meines Alters. Halbe Kinder noch, gedrillt, Feinde des Vaterlands zu töten, zu siegen um jeden Preis. Als Freiwilliger leider bei der Marine-Infanterie gelandet statt auf einem Schiff. Die Stadt Hamburg gegen sich nähernde englische Truppen zu verteidigen. Drauf losgeballert, wenn sich regte, was ich nicht kannte. Angst gehabt und mich schuldig gefühlt. Obwohl ich keinen Menschen bewusst erschossen habe. Schwor mir: Nie, nie wieder darf geschehen, dass Uniformen an die Regierung kommen. Nie wieder werde ich eine Uniform tragen. Gemeinschaft vortäuschen, die keine ist. Auch damals wollten nicht alle Soldaten werden. Sie mussten, sonst hätte der SD Sicherheitsdienst sie aus ihrem Versteck geholt. In sogenannten Bewährungsbataillonen an eine Front geschickt, von der niemand zurückkam.

Nach Kriegsende und Heimkehr aus Gefangenschaft färbte ich meinen grünen Militärmantel blau. Wie ich ihn getragen hätte, wäre ich Matrose geworden. Träumte schon als Vierzehnjähriger, eines Tages werde ich zur See fahren. Fasziniert von Männern, die über Weltmeere segelten, um Neuland zu entdecken. Kolumbus, Magellan, Amerigo Vespucci, Marco Polo, heißgeliebte Vorbilder. Ebenso begeistert von einem Segelschiffsmodell. Unser Biologielehrer hatte es originalgetreu in eine Dreiliter-Glasflasche praktiziert. Genau erklärt, wie er mit verschiedenen Pinzetten jedes der teils winzigen Details durch den Flaschenhals manövrierte. Und an die richtige Stelle klebte. Die Segel an die Rah der drei Masten. Am folgenden Tag betrat er das Klassenzimmer in der blauen Uniform eines Korvettenkapitäns. Goldene Tressen an Kragen, Schulterstücken und Ärmeln. Da war 's um mich geschehen. Meldete mich freiwillig zur Kriegsmarine.

***

Beschließe, im «Hotel Garni» zu bleiben. Dem Hotel in Riga telegrafiert, dass ich drei Tage später eintreffe. Die Bedienung perfekt und hübsch außerdem. Mit zwei blonden Zöpfen das Gretchen aus Goethes Faust. „Reiß dich zusammen O.W." befehle ich mir. Balle die Rechte zur Faust, bevor ich Goethes Drama durchdekliniere. Tipps wird sie mir sicher gerne geben. Vielleicht sogar Fremdenführerin spielen. Ich will mir im Original ansehen, was im Stadtführer nur ein kleines Foto ist.

Aus Trümmern wiederaufgebaute Gebäude. Ob sie für mich wichtig sind, wird sich zeigen. Möchte verstehen, warum Russen anders sind als Deutsche. Andersherum denken. Das Vorwort im Stadtführer lässt mich ahnen: «Alle Russen sind auf orthodoxe Art fromm. Zahlreiche Gotteshäuser in Minsk und allen Städten Weißrusslands. Stein auf Stein gesetzter Beweis ihres Glaubens. Aus kupfergrünen Zeltdächern scheinen die Türme aufzuerstehen. Ihre wie Gold glänzenden Zwiebeldächer himmelan zu streben. Einer höher als der andere, höher ein dritter, vierter. Wer wird als erster die Wolken durchstechen? Zurücklassen, die arm sind immer schon. Aber fest daran glauben, Mütterchen Russland wird sie reich machen. In die Arme nehmen, trösten im Auftrag der himmlischen Mutter.»

Auch in Putins Reich wird Gottesmutter Maria verehrt, auf Altären und Ikonen. In den Köpfen vornehmlich alter Frauen. Er selber kniet vor ihrem Bild, während sein Minister zur

80

gleichen Zeit den Befehl gibt, eine Rakete zu starten. Allianzen schmiedet gegen alles, was sich weigert, die russische Seele zu verstehen.

«Alles Wahre sei anders – östlich des westlichen Selbstverständnisses». Resümiert der Autor des Vorwortes im Stadtführer. Er muss ein Pope sein.

«Kirill», die Unterschrift, mehr geraten als gelesen. Immerhin steht er gerade für das, was er schreibt. In unserem Meinungsnetz herrscht weitgehend Anonymität.

Da kommt die Bedienerin und will kassieren. Sie akzeptieren tatsächlich Euro. «Herz von Minsk» hat ein Herz für fremdes Geld. Gäste hochwillkommen. Aber auch die Mächtigen der Politik. Miteinander zu reden statt nur zu telefonieren, sich in die Augen schauen. In der Ukraine endlich die Waffen ruhen zu lassen. 2015 forderten der französische Präsident François Hollande und Kanzlerin Angela Merkel erneut zu Gesprächen auf. Der in «Minsk I» beschlossene Waffenstillstand soll endlich Wirklichkeit werden. Das Gemetzel im Donbass aufhören. Die Staats- und Regierungschefs Russlands und der Ukraine müssen klare Strukturen für eine protokollgemäße Umsetzung schaffen. Damit auf Dauer Waffenruhe herrscht. Mitglieder der OSZE stehen ihnen beratend zur Seite. Die Protagonisten Petro Poroschenko und Wladimir Putin nach wie vor im Clinch. Das Problem Ukraine hat mehr als eine Facette.

Putin rechtfertigt die Einverleibung der Krim: Seit 1920 Teil der Russischen Föderation. Noch im Referendum 1991 stimmten 93 % der Krimbewohner für eine autonome Sowjetrepublik. Landessprache Russisch, Rubel die Währung.

Poroschenko verspricht, demokratische Strukturen zu schaffen, um Mitglied der EU zu werden. Unter der Oberfläche brodelt es. Wie an vielen Brennpunkten auf dem Globus. Nationales wird irrational. Mit rationalen Mitteln nicht in den Griff zu bekommen.

***

Bei einem Spaziergang rund ums Hotel kommt es mir vor, als schlenderte ich durch Londons Innenstadt. Weiße Säulen vor weißen Fassaden, Antike lässt grüßen. Kuppeln, Obelisken. Plätze weiträumig mit viel Grün und wasserspeiende Brunnen. Da, ein gläsernes Hochhaus, in dessen Schatten sich ein Kirchlein duckt. Weißes Turmgebäude, in einer Blechform gebackener Beton. Stromlinienförmig windet sich die Tram durch die Stadt, leiser als bei uns. U-Bahn-Eingänge aufgerissene Mäuler, die Menschenmassen ausspucken und gleichzeitig verschlucken. Ampeln regeln an Straßenkreuzungen den Verkehr, wie bei uns in Europa. Alles kommt mir bekannt vor. Mercedes, Porsche und Volkswagen surren, dröhnen, knattern, wie bei uns. Heimatliches Gefühl überkäme mich. Wäre nicht das Kyrillische so übermächtig. An allen Fassaden Schilder, Plakate, Fahnen mit und ohne Gottesmutter.

Einzelne Buchstaben erkenne ich. Das A, O und K sofort entziffert. Dann wird es schwierig. Unbekannte Zeichen, schräg oder auf den Kopf gestellt. Halbiertes, nicht Identifizierbares verknüpft, verhakt oder gezwungen, die Aussprache zu ändern. Höre ich sie, zischt und szybroschjnt es in meinen Ohren. Italiener singen, wenn sie sprechen. Nie könnte ich Russisch lernen. Eher Holländisch. Kyrillisch ist hier so präsent, als wollte es mich zum orthodoxen Glauben bekehren. Da kommen sie an den Falschen.

✳✳✳

Im Elternhaus bestimmte Religion unser Leben. Einmal Römisch-katholisch, immer Römisch-katholisch. Auch nach meinem Kirchenaustritt spürte ich es in mir. Obwohl ich schon seit Jahren keine Messe mehr besuchte, den Glauben an die Wandlung von Hostie in den Leib Christi verloren. Aber das Römische sitzt tief. Bei Papa und Mama Elli. Sonst hätten sie nicht so viele Kinder gehabt. Auch in mir sitzt noch ein Überbleibsel dieser Praxis. Martin Walser fällt mir ein: «Ich bin an den Sonntag gebunden – wie an eine Melodie -ich habe keine andere gefunden – ich glaube nicht – aber ich knie».

Mutti Guste, die Römischste von allen. Überwachte unsere religiöse Praxis: Regelmäßig die Heilige Messe besuchen, Andachten in den Marienmonaten Mai, Oktober und im Advent. Beichten jeden Monat. Ob sie es änderten, als ich aus dem Haus war? Weiß es nicht. Erinnere nur, Guste sagte uns, sie notiere unseren Beichttermin im Kalender. Um uns rechtzeitig daran zu erinnern, dass es Zeit ist, unsere Sünden zu bekennen und abzubüßen. Sünde alles, was verboten war. In der Bibel steht und im Pflichtenheft der Stiefmutter.

Ob sie ihre Sünden auch eingetragen, keine Ahnung. Der Kalender ein Heiligtum, verschlossen im Schubladenschrank. Nur Guste hatte den Schlüssel. Trug ihn, wie andere ein Medaillon, am goldenen Kettchen um den Hals. Verdeckt von hochgeschlossen Kleidern und Blusen. Damit wir nicht in Versuchung kamen, Fragen zu stellen.

Neugierig sind Kinder immer. Sonst wären sie keine. Ob Papa im Kalender nachsehen durfte? Und vorher nach dem Schlüssel grapschen? Später wusste ich, er brauchte keinen, um zu wissen, wann er beichten musste. Einmal im Jahr war leicht zu merken. In jedem Kalender stand Karfreitag, rot oder fett gedruckt. Papa fuhr an diesem Tag in die Stadt, um bei einem fremden Priester zu beichten. Nie durften wir ihn begleiten. Kam erst spät zurück. Dachte mir, er muss ein großer Sünder sein. Schwere Sünden gebeichtet haben. Zur Buße hundert Vaterunser beten müssen und hundert Ave Maria. Das dauert zigmal länger als unsere Buße mit drei Vaterunser und drei Ave Maria.

Papa schien keinen Gedanken an Sünde und Buße zu verschwenden. Sein ganzes Denken fokussiert auf das, was es abends zu essen gibt. Mir kam es jedenfalls so vor. Ist Gier nicht eine Todsünde? Punkt 17:30 vom Dienst zurück. Mutti sagte Dienst, nicht Arbeit. Und nicht nur sie. Alle dienten Vorgesetzten, Präsidenten oder tonangebenden Politikern, ohne sich zu fragen, ob es falsch oder richtig ist, wenn sie gehorchten. Heinrich Manns Roman «der Untertan» fällt mir ein.

Papa, noch in Hut und Mantel, ging zuerst in die Küche. Schnaufte so laut durch die Nasenlöcher, dass ich es im Kinderzimmer hörte. Oder hatte ich es mir eingebildet, als er fragte: „Es duftet so lecker, was gibt es heute Gutes?"

Denke jetzt an die Hungersnot nach dem Krieg. Es muss schlimm für ihn gewesen sein. All sein Denken auf nichts anderes als essen fokussiert. Sodass ich ihn so wahrnehmen musste. Erinnere, als wäre es heute. Nach sechs Wochen britischer Gefangenschaft kam ich ins völlig zerstörte Düsseldorf. In Trümmern die einst so stolze Stadt. Bürgerhäuser, Kirchen, Schulen. Oberleitungen der Straßenbahn zerfetzt am Boden. Pilgerte in Kommiss-Stiefeln vorbei an rauchenden Ruinen. Marschtritte im Niemandsland. Brandgeruch in der Nase. Immer wieder das Krachen einstürzender Mauern in den Ohren. Hilferufe, Feuerwehr. Die Häuserzeile mit der Wohnung meiner Eltern zum Glück nicht zerstört. Ob Merkurstraße 19 mich freundlich empfängt?

Papa, Mutti, Tante Änne und meine Geschwister am Tisch, um zu Mittag zu essen. Auf jedem der Teller zwei Kartoffel und das Viertel einer Frikadelle. Nur Papa drei Kartoffel und ein ganzes Fleischbällchen. Mein Gott, sah der aus. Abgemagert zum Skelett. Müde Augen in ihren Höhlen. Der Kragen seines Hemdes zwei Finger breit vom Hals entfernt. Das Jackett drei Nummern zu groß. Seine Hände zitterten, als er mich sah.

Niemand sagte ein Wort. Sprachlos alle, wie immer. Kein Wort zur Begrüßung, niemand umarmte mich, den Kriegsheimkehrer. Ich wollte und brachte kein Wort heraus. Wieder im Bann des Elternhauses. Das nur so hieß, aber keines war. Bis Guste mir einen Stuhl hinschob und sagte: „Setz Dich». Teilte ihre Kartoffel, das Viertel ihrer Frikadelle und legte es mir auf den Teller. Faltete die Hände: „Lieber Gott wir danken dir für Speis und Trank. Sorge auch für alle, die noch ärmer sind als wir. Amen. Guten Appetit."

Da war mir klar: Ich muss dafür sorgen, dass wir genug zu essen haben, egal wie. Verdingte mich gleich am nächsten Morgen bei einem Bauern als Hilfskraft. Der Lohn: Kartoffeln, Gemüse und Speck statt Geld. Heute weiß ich, Papa brauchte damals das Essen, um sich lebendig zu fühlen. Jetzt ist er tot, ich aber will wissen, ob er noch andere, höhere Interessen hatte. War er ein überzeugter Anhänger der Römisch-Katholischen Kirche? Glaubte er wirklich an Gott, überzeugt wie sein Zwillingsbruder?

Schien, auch als es später allen wieder besser ging, an nichts anderem interessiert als an leiblichen Genüssen. Sauerbraten, Tabak, ein Bier zum Essen und ein, zwei Glas Riesling von der Mosel, Feierabend im Ohrensessel genießend. An was oder wen er wohl dabei gedacht?

In der Fastenzeit all das verboten. Kam dann öfter zwei Stunden später nachhause als sonst. Wo mag er wohl gewesen sein? „Großmutter wollte mich sehen", entschuldigte er sich. Ich aber wusste, sie hat das Portemonnaie in der Schürzentasche. Die Kneipe um die Ecke. Ich sagte nichts. Schweigen ist leichter als lügen. Ob er noch eine andere Frau besuchte, keine Ahnung.

Papa wanderte gern. Außer seinen Alleingängen am stadtnahen Ufer des Rheins ein, zweimal im Jahr mit männlichen Amtskollegen. Jeder Ausflug endete in einer Kneipe. Hörte Guste mit ihm schimpfen nach Mitternacht. Kann mir gut vorstellen, sie hatten Grundbedürfnisse, die erfüllt werden mussten. Sollte der Ausflug in schöner Erinnerung bleiben. Verbrauchte Kalorien ersetzt mit möglichst viel Fett vom Schwein. Nach immer denselben Männerthemen der hübschen Bedienerin Komplimente gemacht. Es könnte Folgen gehabt haben, die ihnen jede Sünde wert waren. Ostern gebeichtet und alles wieder gut.

Schien an Wochenenden die Sonne, wollte Papa mit der Familie die Gegend erkunden. Weiter als auf seinen Alleingängen. Uns zeigen, auf was er neugierig oder selber gerne nochmal wiedersehen wollte. Kündigte es am Vorabend schon an. Damit wir uns zu freuen hätten. Bruder Karl und ich gemischte Gefühle. Ein reines Vergnügen waren solche Spaziergänge nie. Nicht vergleichbar mit Ausflügen in der Eifel, auf denen Großvater uns erklärte, was genießbar oder giftig ist. Dass Ameisen eine Art Antenne haben, mit der sie Notrufe senden, sind sie verschüttet. Andere eilen, sie zu befreien.

Papa, zehn Meter voraus, gab mit seinem Spazierstock die Richtung vor. Und alle mussten folgen. Wehe, wenn wir durchs Brombeergebüsch abseits einen Igel verfolgten. Über den Weidenzaun klettern wollten. „Auf dem Weg geblieben" rief Mutti Guste. „Zerreißt 's Eure Hosen, muss Tante Änne sie wieder flicken.

Pflückten wir Birnen und Äpfel von Zweigen diesseits der Zäune, wurden wir nicht zur Ordnung gerufen. Früchte unbekannter Bauern mussten nicht ins Einmachglas. À propos Tante Änne:

Jüngere Schwester von Mutti Guste. Bankangestellte, unverheiratet, schwache Blase. Eingeladen jedes Mal, wenn wir spazieren gingen. Die Ärmste ist ja so allein. Hatten alle Tritt gefasst, die letzten Häuser mit ihren Bewohnern hinter uns, ging 's richtig los: „Das Wandern ist des Müllers Lust, das Wa...andern. Das muss ein schlechter Müller sein, dem niemals fiel das Wandern ein, das Wa...andern."

Schrien uns die Lunge aus dem Hals. Papa begann als erster zu singen, nach der ersten Zeile jedoch schien er die Lust verloren zu haben. Er hatte den Ton angegeben, das genügte und wir gehorchten. Hörten nur noch unsere eigenen Stimmen. Betäubt vom Gefühl einer Freiheit, die es nicht gab.

Von Tante Änne nichts gehört. Sie hatte sich ins Gebüsch verkrümelt, die Blase, die Blase. Jede knappe Stunde mussten wir stehen bleiben, uns umdrehen, wenn sie ihre Schwester entschuldigend ansah und verschwand. Unsichtbar war sie für uns nie. Blickten nach links, nach rechts, als verfolgten wir einen Eichelhäher oder ein fliegendes Kaninchen. Entdeckten zufällig, wirklich ganz zufällig, Gelbgestreiftes zwischen Geäst und Blätterwerk. Als sich dieses Gelbgestreifte nach oben bewegte und unten zwei dicke Beine zu sehen waren, wussten wir Bescheid. Papa nannte sie, wenn niemand zuhörte, Pipitante. Wir fanden es treffend. Keine Frage des Glaubens. Auch wenn Haushalt, Schule und Kirche daran gemessen wurden. Mutti Guste die Aufpasserin.

Erinnere Papa neben mir am Esstisch. Er schien zu beten, zu glauben, was er betete. Beobachtete ihn beim Tischgebet: die Augenlider gesenkt, seine Lippen bewegten sich. Ohne dass ein Laut, ein Wort zu hören war. Nur brummte es, tief wie das Horn eines Rheindampfers. Der im Vorbeifahren die Bauern auf den Feldern grüßt. Gebetet muss sein Bauch haben ohne dass ich es beweisen konnte. Bis heute nicht beweisen kann. Papa ist tot, mausetot. Gibt keinen Laut mehr von sich. Nicht mal einen Furz.

Karl und ich bemühten uns damals, beim Beten laut und deutlich zu sprechen. Mutti glauben zu lassen, unser Herz ist bei Gott. Für uns kein Problem, denn wir konnten mittlerweile alle Gebete auswendig – und an anderes denken. Kein Mensch, auch Mutti merkte nicht, dass wir den Schluss von Karl May Band 2 im Kopf hatten. Scharf darauf, wie es in Band 3 weitergeht. Hofften, Tante Hedy schenkt ihn uns beim nächsten Besuch.

Hedy die jüngste Schwester meines Vaters. Keiner der Erwachsenen mochte sie leiden. Schlimmer, sie verachteten sie und vermieden, ihr zu begegnen. Weil sie aber meine Patentante war, passierte es meistens an meinem Geburtstag. Nicht Namenstag wie üblich. Hedy war Protestantin im Sinne von protestieren. Obwohl sie katholisch getauft war und Weihnachten die Christmette besuchte.

Als Verkäuferin bei «Hetlage», einem Kleiderladen, trug sie die neueste Mode. Kleider kurz, bis knapp unterm Knie. Hosen mit Schlag wie die Männer. Blusen mit einem Dekolleté, das tief blicken ließ. Zum ersten Mal erregte es mich. Wusste nicht was und warum. Gerade vierzehn und katholisch erzogen.

Auch wenn ich darüber schwieg, unsere Beziehung niemand in der Familie ahnen konnte, sie jagten Hedy aus dem Haus. Weil sie sündigte wie eine Heidin. Sich Männern an den Hals warf. Und Gott weiß was mit ihnen trieb. Einmal gehasst, immer gehasst. Ihre Schwester Elisabeth verfluchte sie noch auf dem Sterbebett. Wir aber liebten sie umso mehr. Auch ihr Vater, unser Großvater liebte sie. Er scheint mir heute so etwas wie ausgleichende Gerechtigkeit gewesen zu sein. Auf seine Art sanft, die richtigen Worte, und niemand widersprach.

Einmal übernachtete ich bei ihnen auf dem Sofa. Beim Frühstück am nächsten Morgen alle am Tisch. Großeltern, ihre drei Töchter, Maria, Elisabeth und Hedwig, unsere Tanten. Es gab frische Brötchen und Leberwurst. Als wären sie ausgehungert, grapschten die älteren Schwestern ein Brötchen nach dem anderen. Die böse Hedwig sollte keines bekommen.

Schüchtern saß sie da und sagte kein Wort. Da griff Großvater ein, legte ihr die beiden letzten knusprigen Rundlinge auf den Teller: „Lass es Dir schmecken. Hier Butter und Leberwurst. Probier' auch den Johannisbeer-Gelee. Köstlich, köstlich, sage ich. Hab ihn extra für mein Leckermäulchen gekauft."

Jahre später besuchte Tante Hedwig uns mit ihrem neuen Lover. Fast so groß wie Papa, elegant gekleidet. Kaum in der Diele, stellte er sich vor: „Langmann- Keller." Papa spontan: „Langmann-Bringer." Alle lachten. Sollte es ein Scherz sein oder deutlich machen: Ich nehme es auf mit dir und wehe, du heiratest meine Schwester nicht. Papa ein Schutzengel?
Eher Tante Hedy. Auch wenn Gottes Schutzengel Zwitter zu sein scheinen. Weder Mann noch Frau. Eines Sonntagmittags stand sie in der Tür, den Mantel bis an den Hals zugeknöpft. Bis an die Waden verdeckte das sechsfach geknöpfte Wolltuch alles, was zur Sünde verführen könnte. Es wird die neueste Mode gewesen sein. Papa öffnete, als es klingelte: „Du, was willst Du?" „Mein lieber Bruder, ich möchte meinem Patenkind eine Freude machen. Gestern hat der Chef mein Gehalt erhöht und da dachte ich" . . . „Schon gut, schon gut, was hast Du vor?"
„Würde gern mit beiden Jungs in die renovierte Andreaskirche gehen. Die Orgel Johann Sebastian Bach spielen, den Knabenchor singen hören. Vielleicht gefällt es Otto und Karl so sehr, dass sie sich bei Eurem Chorleiter anmelden. Singen können sie ja schon ganz schön."

Schutzengel dürfen lügen. Wir gingen nicht in die Andreaskirche, sondern ins Apollo, den Film «Quax der Bruchpilot» mit Heinz Rühmann gucken. Hedy nannten wir sie, nicht Tante. Sie war unsere Freundin, nur sieben Jahre älter als ich. Erinnere ein angenehmes Gefühl, wenn sie sich bei mir einhakte, ich ihren warmen Körper an meinem spürte.

Jahrzehnte später besuchte ich sie mit Rose, meiner zweiten Frau, in einem Altenheim. Sie lag todkrank und unbeweglich in ihrem Bett. Hob nur ihre Arme ein wenig, als wollte sie selbst umarmt werden. Hildegard von Bingen fiel mir ein: «Jede Kreatur hat einen Urtrieb nach liebender Umarmung».

***

Rose, meine zweite Frau, erfüllte alles, nach dem ich mich sehnte. Bewusst und unbewusst. Ein knappes Jahr nach Margas Tod kennengelernt. Eher zusammengestoßen in Schloss Anholt am Niederrhein. Sie wollte hinein, ich raus. Im Eingang passierte der Urknall. Beginn einer großen Liebe. Der Liebe meines Lebens. Nie empfand ich Nähe und Distanz so ausgeprägt wie bei ihr. Gegensätze ziehen sich an, wie ich weiß. Nicht nur als Mann und Frau. Auch bei den Disputen über Gott und die Welt lernte ich, Gegensätze zu bejahen, nicht wie bisher zu ignorieren. Als These und Antithese betrachten und versuchen, sie in einer Synthese zu harmonisieren. Nie gab es Streit über Diversitäten. Spannung gab unserer Zweisamkeit Würze. Zukunft war eingekehrt in mein

Haus, das bisher mit Zweifeln, Selbstvorwürfen und Trauer ein Haus des Gestern war. Vieles, was möglich, wurde Wirklichkeit. Fühlte mich umarmt von Venus, Aphrodite und allen Göttinnen der Liebeskunst. Jeden Tag als Fest gefeiert. Das Haus umgebaut.

Gemauerte Wände in Glas aufgelöst, hinaus ins Grüne zu blicken. Der Raum drinnen sparsam möbliert, tanzen zu können. Ein wandhoher Kamin, dessen Glut das Symbol unserer Liebe. Aufloderte, um nie mehr zu erlöschen. Schön war sie, die Rose meines Herzens. Schlank und modebewusst. Im Gegensatz zu Frauen in meiner Familie. Mit jedem neuen Kleid, jedem neuen Mantel, neuen Hut kam sie mir anders vor als zuvor.

Nicht nur äußerlich. Als hätte das neue Outfit ihre Lust am Diskurs geweckt. Von Mal zu Mal liebte ich Rose mehr, wäre es möglich gewesen. Eine Frau, die das Wunder der Verwandlung beherrschte und doch immer dieselbe blieb. Lebendes Beispiel für die philosophische Erkenntnis: «Nur was sich wandelt, bleibt was es ist». Das Leben mit Rose begann aufregender, anregender als ich es kannte.

Oft fanden wir spontan ein Thema. Rede forderte Widerrede heraus. Bei mir, bei ihr. Diskutierten oft tagelang, bis sich ein Sinn ergab. Uns einander näher brachte als wir schon waren. Alles hatte seine Zeit. Umarmten und küssten uns. Spürten zu wollen, jetzt, jetzt. Es drängte uns, wir hielten es aus, bis wir nach fünf Monaten zum ersten Mal Sex hatten. Nie vorher war ich so außer mir. Im Leib einer Frau als neuer Mensch geboren. Schrieb ein Gedicht:

«Wir sind um das Schloss gegangen
am Mittag, zur Sonne, um Zwei
wir haben uns innig umfangen
nichts anderes als umfangen
und waren gefesselt und frei»

Hunderte, tausende Male danach noch. Und jedes Mal neu und anders als vorher.

Rose hatte seit ihrer Kindheit eine schwache Lunge. In den letzten Jahren fiel ihr das Atmen schwer. Mir sagte sie nichts und ich, blind vor Liebe, bemerkte es nicht. Längere Spaziergänge zwangen sie immer öfter stehen zu bleiben. Ein Hub Sauerstoff aus dem Spray musste helfen. Bis nichts mehr half. Nach achtundzwanzig Jahren Himmel auf Erden vier Monate Fegefeuer und Hölle. Vier Darmdurchbrüche nacheinander und ein Tumor im Gehirn zwangen zum Aufenthalt in einer Klinik. Tage, Wochen, Monate gehofft, gebetet und Kerzen angezündet. Weihnachten 2009 starb sie an Atemversagen. Ihre letzten Worte gehaucht: „ich liebe dich".

Eine solche Frau kann nicht tot sein. Lebt sie doch in mir weiter. Sieht mich spöttisch an auf einem Foto. Auf einem anderen lächelt sie wie Mona Lisa. Im Auto sitzt sie neben mir. Koche ich «Arroz Marinera», spanische Fischsuppe, sitzt sie mir gegenüber am Tisch. Wir reden über unsere «Isla d' amor», träumen von Sonnenuntergängen am Strand von Soller. Rose in ihrer Andenjacke steht auf dem Notenbord meines Klaviers. Bei jedem Stück spüre ich ihre Nähe, bin entspannt wie sonst nicht. Auf eine andere Art glücklich sogar. Denke ich an sie, an gemeinsame Freunde. Gespräche mit ihren Geschwistern, ihrer Mama Ellenruth. Vierhändig am Klavier mit Papa Lothar, ihrem Stiefvater, den ich sehr mochte.

Das Wort Vater in die Tasten getippt und schon ist meiner wieder im Bewusstsein. Frage mich, hat das Leben mit Rose meinen Blick geschärft? Werde ich wissen, also auch verstehen, wer er war? Oder hat das alles nichts mit Verstand zu tun? Treiben mich Gefühle, wie immer schon? Als Kind war ich ängstlich, als jungen Mann machte er mich wütend. Wehrlos ihm ausgeliefert. Jahre später ratlos und enttäuscht.

Rückblickend wird mir immer klarer: es waren Emotionen, die mein Bild von Papa prägten. Emotionen auch, die mich trieben, nach Riga zu fahren. Nicht der Verstand. Gefühle allein bewegen mich, denke ich an ihn. Wie ich mich danach sehne, Rose wieder bei mir zu haben.

Papa sagte mir nicht, was er dachte, fühlte. Keine Ahnung warum. Rose sagte mir nicht, dass sie todkrank war. Wollte sie mich nicht belasten? Meine kreative Lust nicht bremsen? An was hat sie gedacht, seitdem sie wusste, nicht mehr lange zu leben? Sie schwieg und spielte die unternehmungslustige Frau. Kannte ich sie doch nicht so wie ich dachte? Jeder Mensch hat ein Geheimnis, heißt es. Oder schwieg sie aus Liebe? Mich aber ließ sie zurück mit schlechtem Gewissen. Warum habe ich sie nicht direkt gefragt? Fürchtete ich mich wie als

Zehnjähriger, zu fragen, was man besser nicht fragt? Warum habe ich mir keine Gedanken gemacht und den Tod einkalkuliert. Es hätte mir die Kraft gegeben, sie zu trösten und besonders lieb zu ihr zu sein.

Stattdessen optimistisch darauf vertraut, es wird schon wieder. Besuchte sie täglich in der Klinik. Brachte ihr Leckereien vom Traitteur und las ihr aus neuen Manuskripten vor. Zeigte ihr neue Fotos. Redete mir als Katholik ein, es wird alles wieder gut. Zündete vor der Marienstatue im Münster eine Kerze an. Insgesamt zweiundvierzigmal eine angezündet, gefleht, gebetet, alles vergeblich. Mein Optimismus platzte wie eine Seifenblase. Rose starb in der Nacht vor Weihnachten 2009, ohne das Bewusstsein wieder erlangt zu haben. Und ich allein. Von Gott und allen guten Geistern verlassen.

Lohnt es noch nach Papas unbekannten Seiten zu forschen, wenn doch alles geschieht, ohne dass ich es zu meinen Gunsten ändern kann? Seit Rose in mein Leben kam, spürte ich zum ersten Mal, dass Gefühle nicht negativ, sondern positiv meine Einstellung zum Leben beeinflussten. Nie war ich so glücklich wie in den Jahren mit Rose. Dass Emotionen mächtiger sind als der Verstand, las ich kurz vor meiner Reise in einem Buch von «Antonio Damasio», einem führenden Neurowissenschaftler. Liebe, Hass, Leidenschaft und Ehrgeiz, Angst und Trauer treiben uns an, auch ohne dass wir es wollen. Impulsiv tun oder lassen. Nicht immer gelingt es dem Verstand, solche Impulse zu unterdrücken oder umzuwandeln in positive Energie.

Ebenso gelingt es uns nicht immer, die Gefühlslage anderer im richtigen Moment zu erkennen, richtige Konsequenzen zu ziehen. Keine Ahnung hatte ich, was Papa und Rose fühlten in für sie entscheidenden Momenten. Zu sehr mit mir selber beschäftigt. Mit dem, was mich glücklich machte oder traurig, wie bei Rose zuletzt. Sollte mir vornehmen, mehr auf die Gefühle anderer zu achten. Nicht nur blind meinen eigenen Emotionen folgen. Oder verdrängen, wenn sie mich schlecht aussehen lassen.

Vielleicht sollte ich mich Papa nähern mit der Absicht, ihn zu lieben. Nicht unbedingt wissen wollen, warum er so war, wie er war. Wie ich Rose nahe kam in dem Gefühl, sie ist die Frau meines Lebens. Könnte doch sein, ich werde den Mann, den ich suche, eines Tages verstehen. Nachvollziehen, warum er nur auf Anweisungen anderer zu handeln schien. Warum er nur liebte, was er kannte und keine Lust, sich auseinanderzusetzen. Könnte doch sein, Papa wollte nichts anderes als in Frieden leben. Auch wenn es ihm nicht immer gelang. Ob er ein guter Vater sein wollte, werde ich wohl nie herausfinden.

***

«Babuschka» nenne ich die Kellnerin. Obwohl sie schlank und jung ist. Keine der rundlichen, immer kleineren Frauen-Figuren, die man ineinander schachtelt. In Russland Symbol für Fruchtbarkeit und Mütterlichkeit. Sie bringen es anderen als Gastgeschenk mit. Schön bemalt mit ausdrucksvollen Augen, die uns anschauen. Im Westen nennt man sie Babuschka. In Russland heißen sie «Matrjoschk». Geschrieben: «MaTpëwka». Das soll einer lesen können.

Sie hatte Feierabend und ihr Schürzchen abgelegt, den schwarzen Rock, die glatte Leinenbluse. Eingetauscht gegen Klatschmohnrot und Weißplissiert. Mein Puls schlug schneller, als sie mir entgegenkam. Rose zehn Jahre tot, alles in mir verlangt nach Nähe. Hätte Babuschka gern in den Arm genommen, begrüßt mit einem Kuss. Aber sein lassen, wer weiß, wie sie auf den Überfall reagiert hätte. Und das war gut so.

Sie hakt sich bei mir ein, lässt dann und wann ein Wort fallen. Weist mit der Hand auf dieses und jenes. Nennt Namen. Hält mich am Straßenrand zurück, jagt ein Lada vorbei. Zieht mich in ein Tretboot, bis zur nächsten Station zu strampeln. Im silberklaren Wasser des Switjas-Sees Seejungfrauen zu sehen. „Rusalki" flüstert sie und ihre Augen glänzen. Russen glauben an Sagenfiguren. Lassen Träume wirklich werden. Sehe es Babuschkas Gesicht an, sie hat andere Vorstellungen der Realität als ich, ein degenerierter Westeuropäer. Ist sie doch eine MaTpëwka?

Wieder im Hotel: „Do you like a drink? Champagne?" „With pleasure, Champagne." Lasse mich in einen der voluminösen Sessel fallen. Schon klickt es in meinem Gehirn. In einem Dachgeschoss unsere erste Wohnung selbst ausgebaut. Nach Arbeitsschluss in einem Grafik-Atelier: Latten geschleppt, passend gesägt, an Dachsparren befestigt. Heraklith-Platten drauf und verputzt, tapeziert. Elektrische Leitungen, Steckdosen und Schalter verlegt. Auf den Boden schwarze Asphaltplatten geklebt und zum Entsetzen aller, die uns besuchten, rot verfugt.

Als nächstes Möbel gezimmert. Der Tisch eine Platte mit vier Stempeln. Stühle mit schräg gestellten Beinen und einer gebogenen Sperrholzplatte als Rückenstütze. Nach vorne abgespannt mit Wäscheleine. Meine Eltern waren angesagt, mit uns die Erstkommunion der beiden älteren Töchter Gela und Doro, zu feiern. Eilten nach dem Gottesdienst in St. Benediktus nachhause. Hungrig, weil wir nüchtern bleiben mussten. Der Tisch für das Frühstück vorbereitet. Kaffee und Kakao heiß in Thermoskannen. Erleichtert wollte Papa sich auf einen der Stühle fallen lassen:

„Halt, halt, Papa! Langsam, bitte ganz vorsichtig hinsetzen! Hatte gestern erst die Stühle noch schnell fertig gemacht, damit Ihr Euch auch setzen könnt. Nicht herumstehen wie Falschgeld. Die Beine angeleimt, noch nicht trocken und fest, wie sie sollen. Der Stuhl noch nicht so stabil, dass er heftige Bewegungen aushält."

Er blickte mich an mit blitzenden Augen, als wollte er mich ermorden. So kam es mir vor. Stützte sich auf die Tischplatte vor ihm und ließ sich in Zeitlupe, langsamer noch als langsam, herunter auf den gepolsterten Sitz. Schaumstoff mit rotem Kord bezogen alle Stühle. Rot die dominante Farbe damals. Bis ein grüner Sessel für Papa den Wohnraum beherrschte.

Sanftes Komplementär zu den roten Belägen auf Stühlen und roten Bodenfugen. Ein Sitzgebilde war es, kein Sessel, wie man sie in jedem Möbelhaus sah. Zwei Massivholzkufen seitlich, ein zentimeterdickes Brett beim Schreiner zuschneiden und biegen lassen, drauf geleimt. Die Schaumstoffmatte darüber mit moosgrünem Kord bezogen. An den Rändern alle zwei Zentimeter einen Polsternagel eingeschlagen. Massiv, stabil und fest gezurrt das neue Sitzliegemonstrum.

Jetzt konnte sich fallen lassen, wer wollte. Vom Tisch oder von der Decke springen. Mit oder ohne Fallschirm. Der Sessel stand wie festgemauert. Keinen Millimeter verrutscht. Papa ließ sich bei seinen seltenen Besuchen in dieses Monstrum fallen. Marga servierte ihm Tee und Gebäck, Weinglas und Aschenbecher auf einem niedrigen Hocker neben dem Sessel. Aus massivem Holz, ein Multitalent: Sitzmöbel, Serviertisch und Unterbau für Kerzenständer, Blumenvase oder Skulptur. Der Klotz grün lackiert. In der «Bauhaus»-Bibel gesehen und sofort nachgebaut.

Ich selber mochte nicht stundenlang in diesem Sessel sitzen. Gezwungen, halb liegend, halb sitzend zu agieren. Statt auf Augenhöhe wie ein Vater von drei Töchtern Autorität zu verbreiten. Noch wollte ich sie immer vor mir sehen. Wenn sie sich balgten, die Fetzen flogen. Gezwungen, zu schimpfen. Obwohl ich mich insgeheim amüsierte. Schon gar nicht von einem Möbel gezwungen sein, eine bestimmte Sitzposition beizubehalten. Meinen Lendenwirbel spüren. Den Nackenwirbel, spricht mich einer von der Seite an. Oder der Wind schlägt das offene Fenster zu. Denn sensibel reagiere ich auf alles und jedes. Ergriff eine berufliche Chance und hoffte, mir bald einen der modernen Sessel leisten zu können. Der Sitz in der Höhe verstellbar und um 360° zu drehen. Ein Jahr später alles Vergangene inklusive Papa kein Thema mehr. Mag er sich in meinem Sesselmonstrum wohl fühlen wie in seinem Bett. Liegen bleiben, bis er stirbt.

Ich hätte nicht so respektlos denken sollen. Papa wurde krank, sehr krank. Niemand sagte mir, was es für eine Krankheit war. Man rief mich, obwohl weder meine Anwesenheit noch das Gemurmel des Pastors den Tod daran hindern konnten, Papa mit sich zu nehmen. Wohin will sich keiner so genau vorstellen. Im Grab sollen seine Körperzellen mit der Zeit zerfallen und als Staub die Erde düngen. Das Gerippe vielleicht für Anthropologen vom Mars noch interessant sein.

Sah ihn zuletzt in seinem Bett. Untergetaucht ins zerknautschte Kissen. Als könnten Daunenfedern ihn retten. Dem Zugriff des Todes entkommen, wenn er unsichtbar ist. Gevatter Tod wird ihn finden, wo immer er ist. Wie immer er sich äußerlich verändert. Blaue Flecken im wachsbleichen Gesicht, die Augen geschlossen. Atmete kaum noch. Da wendete er sich, als spürte er, jemand steht an seinem Bett. Das linke Ohr offen wie ein Schalltrichter. Ob er mich erkannt, noch einmal die Stimme seines Ältesten hören wollte? Noch einmal auf Düsseldorfer Platt „Tschö Jünken" sagen?

„Lass Dich in Gottes Arme fallen" stammelte ich. Glaubte es in diesem Augenblick und musste weinen. Papa reagierte nicht, bereits jenseits allen irdischen Zuspruchs.

Stand auf, ihn noch ein letztes Mal anzuschauen. Die hohe Stirn, die Glatze lange nicht rasiert. Die großen Nasenlöcher, in denen sich die Härchen sträubten, zu sterben. Lippen halb geöffnet, als wollte heraus, was bisher ungesagt. Liebte er mich? Da, plötzlich zitterte das Kissen. Ist er doch nicht tot? Will er mich narren oder juckt es ihn? Über ein Leben nach dem Tod werde ich nachdenken müssen.

Wir begruben ihn in einem Doppelgrab, acht Jahre später seine zweite Ehefrau Guste. Es war seine Entscheidung. Denn die Pacht für das Grab seiner Elli, meiner Mama, in-zwischen abgelaufen. Sie selber entsorgt. Soll nach dreißig Jahren ausgesehen haben, als hätte man sie gerade beerdigt. Leider war ich in dieser Woche auf Geschäftsreise. Hätte sie gerne noch einmal gesehen, mich als Erwachsener mit ihr unterhalten.

Papa hatte seine Grabstelle bereits vor mehr als zehn Jah-ren ausgesucht. Auch den Grabstein. Unbearbeitet sollte er auf seinem Grab stehen. So wie er im Steinbruch nach der Sprengung liegen blieb. Ein unförmiger Brocken, vergoldet der Name KARL BRINGER, 1895 – 1976. In Majuskeln, lateinischen Großbuchstaben. Das Todesjahr zuletzt noch ergänzt.

„Von hier aus kann ich den Rhein sehen" sagte er immer wieder. Kamen wir an der Grabstelle vorbei, das Grab seiner

Eltern zu besuchen. Das ohne zeitliche Begrenzung gepachtet war. Die Richtung stimmt. Ob er glaubte, den Rhein zu sehen oder nur wünschte, weiß niemand. Nur, dass er den Strom liebte, dieses unentwegt meerwärts strömende Gewässer. Sinnbild des Lebens. «Panta rhei» alles fließt, formulierte der griechische Philosoph Heraklith. Kommt und geht.

Mag sein, dass er unbewusst den Tod evozieren wollte. So wie man früher den Teufel austrieb und glaubte, es funktioniert. Wie dem auch gewesen sei, jetzt ist mir klar, dass auch Papa von Gefühlen bewegt war. Ihm ansah, dass er sich wehrte bis zuletzt mit dem Rest seiner Kraft. Nicht mehr Vater, das Oberhaupt der Familie, das er war. Nicht mehr die Majestät, die ich als kleiner Knirps fürchtete. Stand er vor mir wie Kaiser Karl, den alle den Großen nannten. Papa war größer als alle Männer, die ich kannte. Und in diesem Riesen versteckt vielleicht, ein ängstlich klopfendes Herz.

Jetzt liegt vor mir, was David von Goliath übrig gelassen. Einen, der die Kraft seiner Hände nutzte, vier Kinder zu erziehen. Statt sie mit Argumenten zu überzeugen. Sagen und beweisen, dass er sie liebt. Und nicht im Auftrag seiner zweiten Frau bestraft. Mitleid überfällt mich.

Und wenn er mich doch geliebt hat? Sein dann und wann geäußertes „Jünken" eine verklausulierte Liebkosung? Auch wenn ich nie ein lieber Junge sein wollte. Grenzen überschreiten so ein Grundgefühl. Kletterte auf Felsen in der Eifel, aus der Luke unserer Kammer aufs Dach. Spielte mit der Nachbarstochter Erika Kiesler «Räuber und Schanditz». Ich Gendarm, Erika die Räuberin. Verfolgte sie, die schneller war als ich. Fing sie dann endlich mit einem Seil. Um sie im Gebüsch des nahen Spielplatzes mit einem Kuss auf die erhitzte Wange zu bestrafen.

Papa muss uns dabei beobachtet haben. Pflegte nach Feierabend oft auf dem Balkon zu sitzen und Pfeife zu rauchen. Den Spielplatz mit Kindern von oben zu betrachten. Dabei auch uns entdeckt. Gesehen oder vermutet, dass wir uns küssten. Drückte beide Augen zu und hat es wohl nicht weitergesagt. Irgendwann später aus heiterem Himmel: „Gefällt Dir die Erika von Nebenan?"

Viele Jahre danach hätte es ihn gefreut, wenn wir geheiratet hätten. Mit größtem Vergnügen die hübsche Schwiegertochter an seine breite Brust gedrückt. Ganz sicher mehr als einmal bei jedem Besuch. Erikas Mutter froh gewesen, ihren Wildfang loszuwerden. Aber Erika, eigensinnig wie ich, wollte Schauspielerin werden. Ich verfolgte ihre Karriere. Applaudierte ihr im Theater. Zitterte um sie in Kriminalfilmen.

Jahre später im Düsseldorfer «Malkasten» auf einer Vernissage. Plötzlich flog eine Frau auf mich zu, die Arme ausgestreckt. „Oh Otto", verfehlte meine Brust und sank ohnmächtig zu Boden. Erkannte Erika. Hob sie auf, sie zu umarmen. Spürte ihre Lippen auf meinen und dachte: wie lange ist es her? Gestern ist heute. Schauspielern muss man können.

Ob ihr Vater das Talent gefördert, weiß ich nicht. Auch nicht, ob er überhaupt existierte. Sah immer nur ihre Mutter, nie einen Mann. Gestorben oder abgehauen? Warum muss ich jetzt an Ihren Vater denken? Sie hatte einen älteren Mann geheiratet. Eine Art Vaterersatz zu haben? Keine Ahnung. Nachdem sie überraschend starb, besuchten Rose und ich den uns fremden Mann. Versuchte mir vorher ein Bild zu machen. Er wird groß sein mit breiter Brust, an die sie sich werfen konnte wie bei mir. Für Don Carlos zu üben oder die Wärme eines Papas zu spüren.

Günter war klein, schmächtig, zottelig Bart und Kopfhaar. Pfeife im Mund. In seinen Augen Trauer. Ob sie diesen Typen geliebt? Was mag er ihr bedeutet haben? Wir schwiegen lange, tranken schwarzen Kaffee ohne Milch und Zucker. Bis er die Pfeife aus dem Mund auf den kleinen Tisch legte: „Ich habe sie geliebt und liebe sie immer noch. Auf zahlreichen Reisen in viele Länder der Welt sind wir uns nahe gekommen. So nah, dass ich glaubte, sie liebt mich wie ich sie liebe. Aber ihre Sehnsucht konnte ich nicht erfüllen. Nach einem Vater, den sie nie hatte. Kommen Sie, ich zeige Ihnen ihr Zimmer."

Puppen auf Tischen, in Regalen, Kartons oder auf Podesten. An Haken hängend ringsum an den Wänden. Von der Decke herunter, auf dem Boden eine neben der anderen. Alles Knaben, kein einziges Mädchen. Puppen aus Celluloid, Holz, Stoff oder Pappmaché. Indische, Guatemaltekische, Brasilianische, Mexikanische. Aus China, Japan und der Sowjetunion. Von der nördlichsten Spitze Schwedens, der südlichsten Patagoniens. Sie muss viele Väter gekauft haben, um einen einzigen zu besitzen. Das Drama ihres Lebens gespielt und nicht gelebt, Nicht leben können. Günter schenkte mir ein silbernes Medaillon mit Vischnu. „Selbst dieser zehnarmige Gott der Hinduisten konnte ihren Vater nicht ersetzen."

Ich hatte einen Papa, weiß aber nicht, ob er mich liebte. Nie hat er mich umarmt. Komisch, es tut mir nicht mehr weh, Seit Rose mich in ihre Arme genommen. Mit oder ohne Grund. Liebe gibt und nimmt, was nottut.

**

Meinen Pass hatten Uniformierte im Zug kontrolliert. Und nicht beanstandet. An der Grenze zu Litauen und Lettland sollen sie erneut kontrollieren. Weißrussland sieht sich nicht mehr als Teil der ehemaligen Sowjetunion.

Babuschka schenkte mir zum Abschied eine Babuschka. Doppel gemoppelt hält besser, sagt man bei uns. Hier könnte es eine andere Bedeutung haben: Ineinander geschachtelt ist sicherer. Vorausgesetzt, man macht sich klein. Der kleinsten Babuschka jeweils größere Babuschkas übergestülpt. Ein Mütterchen Russland über das andere, die friedlichste Verteidigung des Individuums. Menschenrechtler scheinen dieses Symbol nicht zu verstehen. Zu allen Zeiten gab es Großes, das Kleines schützte. Einen Zar, Väterchen Stalin, Mütterchen Russland. Mutter Maria, wenn nichts mehr half. Ihr Bild prangt heute noch auf der roten Fahne Weißrusslands wie ein Medaillon. Werde Babuschkas Babuschka auf mein Klavier stellen. «Stenka Rasin» spielen und mir einbilden, im Don-Delta bei Vollmond Störe zu fangen. Und anschließend den Kaviar teuer verkaufen.

Im Zug nach Riga ein Abteil, in dem sich acht Männer breit gemacht hatten. So schien es, als ich die Tür geöffnet, einen freien Platz zu entdecken. In Deutschland konnte ich keine Platzkarten für diese Strecke kaufen. Sie mich sehen und schon rufen sie im Chor: „Vkhoddite, rovarishch." Russisch hört es sich an. Russisch ihre Nächstenliebe. Rücken zusammen und siehe da, ein Platz wird frei. Der Zug voll besetzt, die frei gewordene Fläche könnte für meine Wenigkeit reichen. Zögere einen Moment. Überlege, was der Ausruf soeben bedeuten könnte. Eine Beleidigung vielleicht oder eine Aufforderung. Da winkt einer der acht mit der Hand, die eine Wodkaflasche umklammert: „Syad rovarishch."

Schüttele den Kopf: „Ich nix versteh, bin Deutscher." Da springen alle acht Mannsbilder auf und umarmen mich. Einer nimmt mir den Koffer aus der Hand, schiebt ihn ins Gepäcknetz zwischen Kisten, Rucksäcke und Taschen.

„Ty kohorashiy ot rovarishch. Du Kamerad von gute Kamerad, der meine Großmutter vor den Nazis gerettet. Auf Foto du siehst aus wie gute Kamerad im Gesicht. Hier."

Zieht ein Foto aus der Hemdentasche, hält 's mir vor die Nase. Müsste einen Spiegel haben, zu vergleichen. Bart, Haare lang gewachsen wie ich, nur die Nase größer als meine. Riechkolben nannte Papa meine Nase. Erbteil von Mama Elli.

Als hätten die Männer eine Idee, setzen sie sich wieder, anders als eben noch. Rutschen zusammen, sodass jetzt ein Sitzplatz am Fenster frei wird. Einer hebt mich mit seinen Pranken hoch und lässt mich am Fenster wieder runter auf die Bank. So sanft, als wäre ich ein frisch geschlüpftes Küken, das er nur ganz vorsichtig ins Nest setzen dürfe. Da kann ich doch nicht sagen: „Nein danke" bei so viel Freundlichkeit.

Auch nicht, als sie mir eine Wodkaflasche in die Hand drücken, anzustoßen. Ein Gespräch mit einem Kunden im Kopf, der zu dem Schluss kam: „Landet man mit einem Russen nicht betrunken unter dem Tisch, kann man das Geschäft vergessen."

Der Schaffner kommt, öffnet die Tür, sieht die Bescherung, lächelt. Geht weiter. Der Passkontrolleur überlegt einen Moment. Tippt an die Schirmmütze, was bei allen Trägern solcher Kopfbedeckungen bedeutet: einverstanden. Geht weiter. In Russland, so scheint mir, wird alles verziehen, was mit Wodka im weitesten Sinne zu tun hat. Russen müssen sich schlechter fühlen als sie sind, wenn sie zur Flasche greifen. Zum Glück soll der sehr billig sein. Frage mich, wer oder was ist die Ursache dieses Trinkbedürfnisses? Sich schlecht fühlen oder zwanzig Kopeken?

Noch habe ich nur genippt, so getan als ob. Die anderen schluckeln um die Wette. Strahlender Sieger, wer die Flasche als erster ausgetrunken. Sie zum Beweis mit ausgestrecktem Arm hoch hält, umdreht und nichts mehr heraustropft. Habe die Flaschen nicht gezählt, sondern aus dem Fenster geschaut. Landschaften aneinandergereiht. Tannenwälder bis zum Horizont. Schwarzgrüne Fläche wie ein Teppich auf Ebenen und Hügel ausgebreitet. Öfter als einmal ein See. Mal größer, mal kleiner. In ihrer dunkelblauen Oberfläche spiegeln sich Wolken und das hellere Blau des Himmels.

Als der Zug aus irgendeinem Grund stehen bleibt, sehe ich Kraniche. Oder sind es Reiher? Bin kein Ornithologe. Auf ihren langen Beinen staken sie am Seeufer entlang. Drei, vier, fünf, eine ganze Schar. Plötzlich heben sie ab wie auf Kommando. Die langen Stelzenbeine leicht angehoben. Die Schnäbel der Vögel wie Pfeilspitzen, die nach Süden zeigen. Einen Spalt geöffnet, man müsste ihr Geschrei hören. Die Beine dann an den Körper gelegt, weit nach hinten ausgestreckt. Wie es alle Zugvögel machen, den Luftwiderstand zu minimieren. Leonardo da Vinci hat es erkannt und als erster Flugmodelle gezeichnet. Boeing, Airbus und hundert andere Flugzeugbauer nachgebaut aus Aluminium. Damit Menschen sich an irgendeinem Ort der Welt vergnügen können.

Zugvögel dagegen müssen Tausende von Kilometern fliegen. Nahrung finden, die sie im Winter Nordeuropas unter Schnee und Eis nicht mehr erreichen. Fliegen von dort bis ins südliche Afrika. Nehmen in Kauf, dass ein Drittel des Schwarms auf dieser Reise abstürzt, weil es die Kräfte verlassen. Im Herbst kehren die Überlebenden um, fliegen die ganze Strecke noch einmal. Um im kühlen Norden für Nachwuchs zu sorgen. Es ist ihre Natur. Man könnte auf den Gedanken kommen, Zugvögel werden in «Silicon valley» programmiert. Wahrscheinlich haben Menschen von Vögeln gelernt.

***

Schon klickt es im Gehirn. Zugvögel im Kopf und Grün, viel Grün. Irgendwann machten wir Urlaub in der Eifel, einem Mittelgebirge zwischen Köln und Trier. Wälder, Felder und Wiesen mit Schafen oder Kühen. Kleine Dörfer. Papa wollte mit uns Jungens seine Eltern besuchen. Die Fahrt mit dem Zug haben wir genossen. Die Nasen platt gedrückt an den Fensterscheiben und geschaut. Geschaut und gefühlt, wir sind der Pfeil. Flitzen vorbei an Häusern, Wiesen, Wäldern und Flüssen. Die Landschaft steht still. Obwohl Erwachsene es umgekehrt erleben.

Nach seiner Pensionierung lebte Großvater Peter mit Großmutter Henriette in Drove. Einem Dorf mit weniger als hundert Einwohnern. Was er dort machte den ganzen Tag, wussten wir von früheren Ferien. Freuten uns, wieder mit ihm nach Nideggen zu wandern. Auf den Felsen klettern. Den Blick ringsum schweifen lassen. Einen Adler mit weit ausgebreiteten Flügeln schweben sehen, vom Aufwind getragen. Nochmal eine besonders hübsche Taubenfeder finden. Aufheben, pusten, sodass sich die Flusen bewegen und denken: „Jetzt fliegen können."

Gewandert durch Wälder, Steinpilze entdeckt für ein Omelett. Auf Wiesen Champignons. An Bächen entlang, Stichlinge mit dem Einmachglas gefangen. Gegen die Strömung gehalten, Wasser und Fischlein hineinschlüpfen lassen. Heim getragen und ihnen in der Badewanne der Großeltern die Freiheit wiedergegeben. Großvater sollte sie füttern, bis wir wiederkommen im nächsten Jahr. Bisher hat es nicht geklappt. „Stichlinge fühlen sich nur in fließendem Wasser wohl. Im stehenden Badewasser sterben sie vor Langeweile", sagte Großvater damals. Eine Ausrede nur, denke ich heute. Ganz sicher wollte er seiner Frau ein Bad mit lebenden Fischen nicht zumuten. Sie konnte sehr zornig werden.

Störche auf Nestern gesehen. Hoch oben auf Kirchen- und Scheunendächern. Erinnere, einer hob ab wie ein Segelflieger. „Störche suchen Frösche für ihre Kleinen im Nest" erzählte Großvater. „Im Spätherbst machen sie sich auf und fliegen bis Spanien oder Portugal". Erzählte auch, dass Störche in Märchen und Sagen Adebar heißen. Schlau sind, mit ihrem roten Schnabel an Küchenfenster von Restaurants klopfen und ein Hühnerbein bekommen. Sogar Babys ins Haus bringen. Damit Eheleute sich freuen.

Da fällt mir ein, Freund Iskender, türkischer Bildhauer, schenkte uns einen Storch. Zusammengeschweißt aus verrosteten Metallteilen. Der Bauch ein Auspufftopf, Kopf und Schnabel eine geöffnete Kneifzange. Beine aus Montageeisen. Schwanz ein Rasenbesen. Wir brauchten ihn nicht zu füttern. Nur zusehen, dass er selber vom Rost gefressen wurde. Iskenders Storch blieb nur in Erinnerung ein Storch. So scheinen alle Dinge zu kommen und zu gehen. Gegenstände, Menschen und Tiere, die Jahre.

Kinder erleben es anders. Erleben das Heute, was jetzt geschieht. Sie sind auf die Gegenwart konzentriert, auf das, was passiert. Unsere Gedanken bereits in der Eifel, bevor wir dort waren. Gespannt, was uns diesmal Anderes, Neues erwartet. Bisher auf Felsen geklettert. In der Burgruine Nideggen Touristen mit unserem Geheul verschreckt. Möchten jetzt gern aus Weidenzweigen zwei Flitzebögen schnitzen. Feldmäuse und Ratten erschießen. Freuten uns riesig, als Papa uns mitnahm. Ein seltener Ausnahmefall.

Jahre später wohnten die Großeltern wieder in Düsseldorf. Ich besuchte sie und wir sprachen über unsere Ferien in der Eifel. Erfuhr den wahren Grund unserer Fahrten in die Provinz: Papa wollte zwei Sachen auf einmal erledigen. Mit dem Oberförster den Weihnachtsbaum aussuchen. Beim Jagdaufseher den Weihnachtsbraten bestellen. Einen frisch geschossenen Hasen. Komplett mit Fell, aber ausgenommen. Möglichst alle Schrotkugeln entfernt. Gut proportioniert musste er sein. Viel Fleisch an Rücken und Keulen. Die Horchlappen beweglich, um ihnen widerstandslos das Fell über die Ohren ziehen zu können.

Erinnere mich gut, Karl und ich durften ihn auf dem Güterbahnhof Düsseldorf-Bilk abholen. Im offenen Waggon hingen viele Hasen nebeneinander an einer Stange. Es müssen viele Leute Hasenbraten lieben. „Echte Hasen dürfen hängen", meinte Karl. „Osterhasen müssen auf ihren Hinterbeinen hocken". An einem Ohr der Zettel mit unserem Namen. „Unser Christkind hat lange Ohren" sagte er und zupfte das eine, das andere.

Papa freute sich jedes Mal aufs Essen bei seinen Eltern. Anders, reichhaltiger als bei seiner Guste. Die zuhause geblieben, den jährlichen Hausputz zu erledigen. Papa schien froh, nach Herzenslust schlemmen zu können, ohne ermahnt zu werden. Liebte Großmutters Riesenkoteletts, Pfannkuchen mit selbst gesammelten Pilzen. Besonders aber ihren Rhabarberkuchen. Verschlang ihn heißhungrig, seine Zunge schleckte die Lippen noch lange danach.

Biss er jedoch zu heftig hinein, muss sein Gebiss gelitten haben. Verzog das Gesicht und wollte schnell wieder nachhause. Kaum auf der Straße polterte er los: „Großmutters Tortenböden sind die reinsten Gipsdielen. Morgen muss ich sofort zu meinem Zahnklempner." Er duzte ihn, mit ihm die Schulbank gedrückt. Mehr wusste ich nicht aus früheren Jahren. Nur dass er Schmerzen fühlte wie ich, als sich mein Weisheitszahn meldete. Erste Gemeinsamkeit ein Gefühl, fällt mir jetzt ein. Beim Wort Klempner aber denke ich an Großmutter. Sie musste davon Wind bekommen haben. Kaufte Böden beim Bäcker und belegte sie. Sie war großzügig, verschenkte mehr als Peter, ihr Mann, als Urlaubsgeld bekam.

Ihren Sohn Karl wollte sie verwöhnen. Einziges Mannsbild, das ihr geblieben, Großvater zwei Kopf kleiner. Ob sie ihn deshalb geheiratet hat? Bei jeder Umarmung den kleinen Mann an der Brust zu haben? Papa das Gegenteil, groß wie sie, spürte was nur Mütter spüren: Hunger nach mehr. Der überlebende Zwilling, sollte auch für zwei essen. Besuchten wir sie in der Eifel, brutzelte der Braten in der Kasserolle, Kartoffeln im Topf. Salat schon in der Schüssel auf dem Tisch. Drei Torten für den Nachmittag in der Küche. Zwei mit Rhabarber und eine mit Heidelbeeren. Oetker-Tortenguss drauf. Drei Flaschen mit Sahne und drei mit «Düssel-Altbier» in der Kühlkiste.

Noch gab es keine elektrische Kühlung. Nur eine weiße Kiste mit Deckel, Eiskiste genannt. Wie sonst? Man musste Eis, sprich gefrorenes Wasser, einfüllen. In Form klein gehackter Eisblöcke. Großmutter kaufte bei einem Eis-Verkäufer das Drittel einer Stange. Der schleppte es auf seiner Lederjacken-schulter bis in den Vorgarten. Großvater zerschlug 's mit Hammer und Pickel in transportfähige kleine Stücke. Schlepp-te sie im Eimer treppauf in die Wohnung. Das Auto kam wö-chentlich. Denn Eis schmilzt bekanntlich schnell. Auch in der kühleren Eifel. In dieser Kiste aber blieb alles eine Woche lang frisch.

In Düsseldorf mussten wir zwei schwere Eisblöcke auf der Schubkarre transportieren. Dreihundert Meter von der Eisfa-brik bis vor die Haustür. Im Einkaufsnetz die Treppen hoch bis auf die zweite Etage schleppen. Auf dem Balkon klein hacken. Und mit der Kehrichtschaufel in die Kiste schütten, die größer war als die der Großeltern. Ein Fach für Lebens-mittel darüber. Doppelte Wände, innen mit Weißblech ausge-kleidet. Platz genug für eine Rehkeule oder zwei ausgenom-mene Hasen, Würste, Käse, Butter, Sahne und Kuchen. De-ckel zugeklappt und alles sicher wie in Abrahams Schoß. Weiß noch, dass ich die Pfützen getauten Eises beseitigen musste. Auf Treppenstufen, dem Boden von Küche und Balkon. Eimer und Aufnehmer, mir vom wöchentlichen Reinemachen vertraute Requisiten.

Erst während des Krieges bekamen wir eine Haushilfe. Else aus Lüchtringen an der Weser, Bauerstochter. Ich befreit von Hausarbeit und konnte in der freien Zeit lesen, malen meine erste Kurzgeschichte schreiben. Einmal nahm Else Karl und mich mit, bei ihren Eltern Ferien zu machen. Aufregende vierzehn Tage. Hinter dem Mähdrescher hergelaufen und gestaunt, dass am Ende fertige Garben herauskamen. Zum ersten Mal ein Stück des Weges auf einem Ackergaul mehr gehangen als geritten. Erinnere, warf meinem Bruder Karl einen Pferdeapfel ins Gesicht, weil er mich auslachte, als ich vom Pferd herunter aufs Pflaster fiel. Ackergäule haben weder Sattel noch Zügel.

Noch einmal in die Eifel, der Maare wegen. Erdgeschichtlich entstanden nach Vulkanausbrüchen. Hügel blieben zurück mit einem Trichter. Der sich im Laufe von Jahrtausenden mit Grundwasser und Regen füllte. Neun dieser Naturwunder gibt es. Ziel von Menschen aus aller Welt. Das Maar bei Daun, einem typischen Eifelstädtchen, ein aufgeworfener Hügel und mittendrin ein kreisrundes Loch. Rings an den Hängen dunkelgrün nur Tannen und Fichten. Sah es zum ersten Mal von weitem und tief beeindruckt. Da will ich hinauf. Den Gipfel besteigen, von oben in dieses Loch blicken.

Als erster der Klasse den Erdmittelpunkt sehen. Funkensprühende, glühende Masse. Allen erzählen, ich hätte die Hölle gesehen. Den Teufel leider verpasst.

Dass dem nicht so war, war mir klar, als ich oben ankam. Denn Hölle ist feuerrot, nicht blau. Wie jeder weiß und auf dem Fresko unserer romanischen Kirche Alt Sankt Martin bestätigt findet. Das Auge der Welt sah mich an, nicht ich das Auge der Welt. Sog mich in sich hinein, als wollte es mich verschlingen. Dunkler als Blau die Pupille, die Iris rundum weiß. Ein Auge eben. So wie man es von einem Ballon aus sehen könnte. Um mich herum nur Tannen und plötzlich die Idee: klettere doch einen Stamm hinauf, so hoch ich komme. Dann kann ich mich auf einen Ast setzen. In aller Ruhe hinunter in dieses blaue Auge sehen und wissen, ob es der Eingang ins Innere der Erde ist. Wie Wahrsagerinnen in den Augen ihrer Kunden geheime Wünsche erkennen. Doch dann dachte ich: bleibe hier unten stehen wo du stehst. Es könnte ein Ast brechen und ich herunterfallen. Männer müssen Risiken meiden, wenn sie Außergewöhnliches erwartet.

Auch Großvater und Papa beeindruckt. Redeten von neugierigen Tauchern und Ballonfahrern. Die wissen wollten, ob es aus anderer Perspektive noch dasselbe ist, was sie glaubten zu kennen. Hätte es eine Gelegenheit gegeben, wäre ich gerne in einem Ballon aufgestiegen. Wie Adebar ins Auge der Erde sehen und an den Rändern nach Fröschen Ausschau halten. Oder einem Baby für meine Familie. Noch ein Junge und wir wären in der Überzahl.

Neugierig kletterte ich am selben Tag den Hang hinunter bis ans Ufer des Kratersees. Ringsum nur Röhricht und Binsen, dicht an dicht. Schmaler Sandstrand. Libellen schossen wie Pfeile, ihre Flügel blitzten im Sonnenlicht. Im Wasser zwei Frösche. Beute für Störche, aber leider kein Baby.

Im Laufe der Jahre lüftete sich manches Geheimnis unserer Kindheit. Auch in Drove-Sommern bemerkte ich die Vorbereitungen aufs Weihnachtsfest. Papa und sein Vater bestellten nicht nur den schönsten Hasen für den Weihnachtsbraten. Besuchten auch den obersten Forstbeamten, den schönsten Tannenbaum zu finden. Da, wo sie wuchsen, noch nicht geschlagen. Riesen, Normalos und Zwerge. Aus der Eifel mussten sie sein. Tannen und Fichten, die man nicht überall sieht. Die ums Dauner Maar sollen die schönsten sein, behauptete Papa. Weil der Förster sie mit Abstand wachsen lässt. Nur so ihre Idealfigur entwickeln können. Um Weihnachten Mitte der Wohnung, ja Mitte der Welt zu sein. Weihnachten auf traditionelle Art und Weise zu feiern. Mit Original Eifeler Gewächsen.

Großvater selber verzichtete auf eine Tanne im Zimmer. Seiner Frau zuliebe. Großmutter nicht gewillt, die Nachbarin jeden Tag um den Staubsauger zu bitten. Den Teppich von Nadeln zu befreien. In Punkto abgefallene Nadeln war sie pingeliger als eine Dorfschullehrerin. Eine kleine Holzkrippe mit Kerze auf der Kommode genügte, an Weihnachten zu denken. Die hohe Blautanne vor ihrem Haus löste das Baumproblem. Großvater brauchte sie nur mit elektrischen Kerzen zu behängen. Und abends mit seiner Frau aus dem Fenster schauen. Als ich Jahrzehnte später nach Drove fuhr, unser Ferienhaus wiederzusehen, stand die Tanne immer noch davor. Eine Etage höher gewachsen. Großvater und Großmutter winkten mir zu, ich winkte zurück.

Wer einen Tannenbaum kauft, braucht Kerzen. Die meisten weiß aus Stearin. Wer sie aber nicht nur brennen sehen, auch ihren Duft in der Nase haben möchte, kauft solche aus 100% Bienenwachs. Wo gab es sie? Gibt es heute noch? Wird es immer geben? In Neviges, einem Städtchen am Niederrhein. Berühmt durch die Erscheinung der Muttergottes im Jahre 1676. Seitdem wallfahren jährlich Hunderttausende nach Neviges. Besonders in Zeiten von Kriegen, Maria um Frieden zu bitten. Verehrt als Friedenskönigin. Kaufen Andenken, Marienbildchen und Kerzen in allen Größen. Am liebsten gleich nach der Wallfahrt, auch wenn noch lange nicht Weihnachten ist. Kerzen und blauweiße Marienfiguren aller Größen bevölkern Straßen und Schaufenster. Sorgen für Umsatz von Maria Lichtmess bis Maria Lichtmess. Auch wir kauften Weihnachtskerzen nach der Wallfahrt im Mai. Die Mutti Guste für die ganze Familie angeordnet hatte. Überzeugt, es stärke den Glauben. Papa wäre am liebsten zuhause geblieben. Sah es seinem Gesicht an. Massenveranstaltungen waren ihm immer schon ein Gräuel. Ob religiöser, sportlicher oder politischer Natur. Erinnere, wie er vor einer der Madonnen stehen blieb und den Kopf schüttelte. Obwohl er selber eine besaß. Was mag ihm durch den Kopf gegangen sein? Keine Ahnung.

Ganz anders Heiligabend im Elternhaus. Sah Papa an, er fühlte sich richtig wohl. Soweit ich zurückdenke, immer die gleiche Zeremonie. Von uns erwartet, befürchtet und abgelehnt, je nach Alter und Erwartung. Heiligabend, punkt Sieben, läutete Papa das Glöckchen, öffnete die Tür zum Wohnzimmer einen Spalt und rief: „Kinder kommt herein, der Baum brennt" Seine Stimme leiser als üblich, als riefe es von weit her. Von daher, wo elf Tage später die Heiligen drei Könige kamen. Irgendwer hatte sie in der Nacht zum 6. Februar vor das selbst gebastelte Krippenhaus gestellt.

Als Papa uns später erzählte, er habe sie dort platziert, stieß Karl mich in die Seite und grinste verstohlen. Papa äußerte sich nie, wie die Figuren an ihren Platz in und vor der Krippe kamen. Schon gar nicht, wer sie beschafft und wo sie gekauft wurden. Er muss sie, von uns nicht bemerkt, in einem Stoffsäckchen nachhause getragen haben. Je nach Kassenlage ein oder zwei pro Jahr beim Hersteller in Monschau. Einem typischen Eifeldorf mit schiefen Fachwerkhäusern am rauschenden Bach. Wir hatten es nicht gemerkt, beschäftigt, flache Kieselsteine über 's Wasser zu fletschen. Wer kommt am weitesten, bevor sie die Strömung mitreißt?

Mutti Guste, Korrepetitorin an Heiligabend, stimmte das Weihnachtslied an: «Zu Betlehem geboren». Nickte uns zu: nun los alle mitsingen. Wir drei Geschwister mussten, ob wir wollten oder nicht, alle sechs Strophen herunterleiern. Klara ein Baby noch, krähte oder schrie aus unerfindlichen Gründen. Papa brummte wie immer bei frommen Anlässen. Wir sangen langsam, wie es sich an Heiligabend gehört. Setzten ein andächtiges Gesicht auf, das ein wenig fröhlicher aussehen durfte bei «O Tannenbaum». Endlos dauerte es, bis wir uns über die Geschenke hermachen konnten.

Aufschnüren, auspacken und überrascht sein. Oder nicht, wenn es ein paar Socken waren. Selbst gestrickt oder gekauft. Sie werden spätestens nach drei Tagen schon nach Schweiß stinken. Printen und Marzipan, ein Buch von Wilhelm Busch – und die Socken vergessen. Älter geworden, glücklich mit Bauklötzen, Roller oder einem Zeichenblock mit Farbkasten.

Papa jedes Jahr Weihnachten regelrecht vernarrt in unser Wohnzimmerdorf mit Versatzstücken aus der Eifel. Maria und Josef, das Christkind. Ochs und Esel, Hirten und jede Menge Engel. Aus Gips, Holz, Pappmaché und angemalt. Sogar Stroh und Moos aus der Eifel mitgebracht, Rinde von Kiefern. Den Baum natürlich von der Post bringen lassen. Einen, der bis zur Decke reichte. Möbel mussten verrückt werden. Der Weihnachtsbaum Mitte des Lebens sein. Die Krippenszene ausgebreitet unter hängenden Zweigen auf dem Dielenboden.

Könnte mir vorstellen, Papa hätte sich auch in der Eifel beerdigen lassen. Am liebsten auf einem der stillen Friedhöfe, die er besuchte dann und wann. Sich rausgeredet, er suche das Grab eines früheren Kameraden. Der Hürtgenwald nicht weit, wo 1945 Tausende amerikanischer und deutscher Soldaten im Stellungskrieg gefallen. Später auf Friedhöfen beerdigt wurden. Papa wird an Menschen gedacht haben, die nicht mehr lebten. Die Eltern, seine Elli, den Zwillingsbruder vielleicht. Weit außerhalb des Ortes auf einem umfriedeten Hügel. In der kalten Jahreszeit heimgesucht von lärmenden schwarzen Vögeln, die wie zum Spott das Leben feiern.

Ob Papa so gedacht und geplant, keine Ahnung. Vermutet, gehofft von einem, der nur weiß, dass er laut Stammbuch der Sohn dieses Mannes ist. Worte ließen nichts erkennen. Mag aber sein, dass ich sein Kumpel war. Wenn er mich brauchte. Seinen Schädel zu rasieren und dem Hasen das Fell über die Ohren zu ziehen. Hab 's noch im Ohr: „Jetzt halte die Hinterkeulen fest mit beiden Händen. Stemme dich dagegen mit aller Kraft. Wenn ich jetzt dem Hasen das Fell über die Ohren ziehe."

***

Im Gang unseres Waggons silbert ein Glöckchen. Grölt unüberhörbar eine Männerstimme: „Svezhiy rogaliki". Bimmeln und Stimme wie vom Endlosband: „Svezhiy rogaliki, Svezhiy rogaliki." Einer im Abteil wie aus dem Schlaf erwacht, gähnt, ruft: „Svezhiy rogaliki". Da springen alle auf, rufen „rogaliki". Nesteln das Portemonnaie aus der hinteren Hosentasche. Klappen es auf und hinaus auf den Gang. Hätte nie für möglich gehalten, dass von Wodka eingeschläferte Männer so schnell auf den Beinen sein können. «Svezhiy rogaliki» muss Tote auferwecken.

Sehe durch die Tür einen rotwangigen Mann mit Kochmütze. Das Glöckchen noch in der linken Hand. Links muss es sein, denn links ließ sich auch nach Gorbatschow nicht nach rechts drehen. Der Kochmützenmann also ein übrig gebliebener Linker. Der mit seinem Wagen vor unserer Abteiltür stehen blieb, Genossen zu beglücken.

Holt aus dem Fach etwas, das wie unser Croissant aussieht. Aber gefüllt, wie es scheint, denn Weißes quillt heraus. Käse vielleicht, alkoholfrei mit Sicherheit. Es muss herzhaft schmecken, dem Magen gefallen. Alkohol im Blut den Krieg erklären. Fast reißen die acht ihm das Gebäck aus der Hand. Hineingebissen und bald kein Croissant mehr. Als wären sie ausgehungert. Reden und schmatzen unentwegt, die acht Kerle aus meinem Abteil. Miteinander, gegeneinander, durcheinander. Es zitscht, knarzt und wabrotscht. Nix verstanden. Wie auch?

„Du, gute Kamerad von gute Kamerad nix rogaliki?

Gebacken ganze frische in fahrende Küche. Probiere." Hält mir das Endstück seines Gebäcks hin. Soll ich oder soll ich nicht? Vielleicht reagiert er wie beim Wodka trinken. Lehne ich es ab, ist er nicht mehr mein Freund. Und ich kann zusehen, wie ich ohne Übersetzer weiterkomme. Auch wenn er nur wenige deutsche Worte kennt, vielleicht in deutscher Gefangenschaft gelernt. Von Grammatik keine Spur. Die Fahrt dauert noch acht Stunden. Will ich seine Sympathie erhalten, muss ich zubeißen.

Im Stadtführer Minsk fand ich ein Glossar mit den wichtigsten Redensarten in Deutsch/Russisch. Hatte mir gemerkt, was vielen Dank auf Russisch heißt. Danke sagen ist nie verkehrt: „Bol'shoye spasib."

Kaum gesagt, bestimmt falsch ausgesprochen, steckt er mir brüderlich den Rest seines Croissants in den Mund. Schmatzt einen Kuss hinterher und umarmt mich: „Du gute Kamerad von gute Kamerad. Du gerettet meine Babuschka." Lacht.

***

Babuschka, russisch Großmutter, muss in meinem Gehirn Synapsen aktiviert haben. Fast hätten wir drei Großmütter gehabt, wenn Gustes Mutter noch gelebt, als Papa sie heiratete. So hatten wir zwei, wie alle Kinder. Papas Mutter, die wir respektvoll Großmutter nannten. Die Mutter meiner leiblichen Mama liebevoll Oma. Warum, hat uns keiner erklärt. Papa nicht, Guste schon gar nicht. Erinnere schwach Mama Ellis: „Jetzt fahren wir zur Schützen-Oma." Wussten sofort, wohin es ging. Zur Oma auf der Schützenstraße.

Oma Kuhlenberg bewohnte mit drei ihrer Töchter in Düsseldorf-Flingern fünf Zimmer. Zweite Etage mit Erker zur Schützenstraße. Aloysia nannten wir Tante Ali, Mathilde Tante Tilly, Mariechen Tante Mia. Ali, die älteste, intelligent und fromm. Rektorin einer Hilfsschule. So nannte man damals Schulen für geistig zurückgebliebene Kinder. Meist mittags schon zuhause, Klassenarbeiten benoten. Immer wieder gedacht, gesagt: in jedem Kind steckt mehr als man ihm ansieht. Den Rosenkranz gebetet. «Ave Maria» von Gounod auf der Schallplatte gehört, von Enrico Caruso gesungen.

Die Mittlere, Tante Tilly, damals kurz vor der Heirat mit einem Fabrikdirektor. Praktisch schon ausgezogen. Wir sollten auf ihrer Hochzeit hinter ihr hergehen, das Ende ihres langen Schleiers hoch halten. Mama hatte uns weiße Anzüge schneidern lassen. Werde nie vergessen: als wir schon auf der Straße auf sie warteten, spielten wir in der Gosse. Rein- und wieder rausgesprungen. Es hatte geschüttet in der Nacht. Das Weiß bald kein Weiß mehr. Erwarteten bestraft zu werden.

Mama aber nahm uns bei der Hand, zog uns in der Wohnung oben die üblichen Sonntagsanzüge an.

Nicht geschimpft. Sie hat nie geschimpft, nie ein böses Wort gesagt. Der Himmel hatte sie geschickt. Nun sieht sie mir sicher beim Schreiben zu. Und lächelt. Ob sie dort ihrem Karl begegnet? Einem, der sie auf Händen tragen wollte? Möchte es glauben können, um es zu wissen.

Omas jüngste Tochter, Tante Mia, Prokuristin in einer Versicherungsgesellschaft. Abends spät zuhause. Überstunden. Schon hoch auf der Karriereleiter, Direktorin zu werden. Omas drei Töchter für uns keine Tanten im üblichen Sinne. Jede von ihnen hatte ihre eigene Art, mit uns umzugehen. Lieblingswünsche zu erfüllen. Uns zu überraschen. Erklärten uns Sachen, die wir noch nie gesehen. Eine dicke in Leder gebundene Bibel aus dem 17. Jahrhundert. Illustriert mit interessanten Holzschnitten. Erinnere auf dem Schoß der Gottesmutter Maria ein nacktes Jesuskind. Nackt muss damals keine Sünde gewesen sein. Eine grüne Vase vom französischen Künstler René Lalique mit zwei weißen Callas, alles aus Glas geblasen. Ein Möbel, in dem ein Mann saß und Opern-Arien sang.

Außer an Namenstagen war es auch an Weihnachten, Ostern und Pfingsten üblich, die Großeltern beider Seiten zu besuchen. Quasi gesetzlich geregelt die Reihenfolge. Am ersten Feiertag Papas Eltern. Am zweiten die seiner ersten Frau Elli. Gustes Vater, Opa Heinrich, besuchte uns manchmal. Pflanzte einen Kirschbaum in die gemietete Parzelle und starb kurz danach. Er wollte nach dem Tod seiner Frau nicht besucht werden. Mutti Guste gab ihrer Tochter, meiner Stiefschwester, den Vornamen ihrer Mutter: Klara.

Sehe uns noch die Großeltern besuchen. Karl und ich an Papas Händen, rechts und links. Zwerge im Schlepp eines Riesen. Per pedes, ob es regnete, schneite, die Sonne schien. Der Weg zur Tellstraße Nr. 2 eine gute halbe Stunde. Zwei Knirpse versuchten mit Papas Schuhgröße 56 Schritt zu halten. Als sie einsahen, sie schaffen es nicht, lösten sie sich vorsichtig aus der Umklammerung. Liefen voraus, um pünktlich anzukommen. Hielten den Finger auf die Schelle gedrückt, bis Papa, leicht außer Atem, bei ihnen angekommen.

Großvater und seine Frau erwarteten den Sohn und seine beiden Jungs pünktlich. Der Sektkorken sollte punkt 12:00 Uhr knallen. Die Limo aus der Kühlkiste angewärmt. Es dauerte, bis Papa sich erholt und sein normales Gesicht zeigte. Brummig ein bisschen, auch an Feiertagen. Mag sein, das ganze Gedöns an solchen Tagen nervte ihn. Redete kaum ein Wort. Ließ uns fragen und Großpapa antworten. „Esst Ihr heute auch einen Weihnachtshasen wie wir oder wie die meisten eine Weihnachtsgans?" Ostern ein Lamm? Pfingsten eine

Taube? Irgendwas Biblisches sollte es immer sein. Was Gans oder Hase mit Weihnachten zu tun haben, kann ich bis heute nicht nachvollziehen. Vielleicht, weil sie, einmal gebraten, für viele Besucher oder mehrere Tage reichten.

Zwanzig Minuten mit der Straßenbahn zur Oma auf der Schützenstraße Nr. 32. Ohne Eile und Atemnot angekommen. Wir die Treppe hinauf gesprungen. Zwei Stunden später auf dem Geländer abwärts gerutscht. Papa gut gelaunt wäre untertrieben. Nach Mamas Tod erlebten wir Oma-Besuche mit ihm ganz anders als bei seinen Eltern. Lachte, scherzte, umarmte Mia ein ums andere Mal, die rundlichere der drei. Stellte das Grammophon an und schwofte mir ihr in Wohnzimmer und Flur und entschwand unseren Blicken.

Tippe ich es jetzt in die Tasten, wird mir bewusst: er muss seine Elli, meine Mama, sehr geliebt haben, immer noch lieben. Nur nicht zeigen dürfen. Ihn zu fragen traute ich mich damals nicht. Wie hätte ich mich verhalten an seiner Stelle? Weiß nicht. Es muss ein schlimmes Gefühl sein, jemanden zu lieben und nicht umarmen können. Goethes Werther hat sich umgebracht.

Besuchten wir Großmutter und Schützenoma allein, ohne väterliche Begleitung, kam es uns vor wie Himmel auf Erden. Kein strafender Blick, kein Klapps auf den Hintern. Vergessen Schule und Alltag daheim. Großmutter wie immer in Schwarz mit geblümter Schürze. Sonntags wie Alltags. Werkelte allein in der Küche. Großvater dienstlich verhindert bis abends um sechs. As erstes drückte sie uns Geld in die Hand: „Holt Euch ein Eis am Büdchen vis à vis der Eckkneipe. Und bringt mir ein Bier mit."

Beglückte uns am Abend mit Bratkartoffeln und zwei Spiegeleiern. Lieblingsgericht von zwei, die hungerten nach Liebe. Größer konnte der Kontrast zur Suppe nicht sein, die Mutti Guste kochte. Reste übrig gebliebenen Sauerkrauts in Leitungswasser mit Eierschwämmchen. Wie tote Goldfische sahen sie aus, schmeckten wie Tapetenkleister, Wasser mit Mehl gemischt. In Krieg und Nachkriegszeiten billiger Ersatz.

Blieben wir über Nacht, spielte Großvater auf seiner Zither. Es klang sehr schön, weckte in mir den Wunsch, selber Musik zu machen. „Du hast doch noch die Geige Deiner Mama" sagte er. Ließ sie mir von Papa geben und begann sofort zu üben. Hänschen klein, ging allein.

Kamen die Tanten, Mamas Schwestern, zu Besuch, spielte ich ihnen vor, was ich konnte. „Du wirst einmal ein großer Künstler", sagten sie. Steckten jedes Mal eine Zehnpfennigmünze in die hingehaltene Blechdose. Verließ ich das Zimmer, klopfte mir Papa auf die Schulter. Ohne ein Wort zu verlieren. Frage mich heute: sollte es Lob oder Tadel bedeuten? Hätte er doch nur gesagt: „gut, gut, mein Junge", ich wäre glücklich und stolz gewesen.

Besuchten wir ohne Papa die Schützenoma, öffnete sich der zweite Himmel. Grießknödel mit Gulasch jedes Mal auf dem Teller. Oder mit Aprikosenkompott. Satt bis zum nächsten Morgen. Oma wusste, das Gehalt eines Telegrafensekretärs reicht nicht immer, vier hungrige Mäuler zu sättigen. Aus dem Grammophon tönte nur Italienisches. Von Enrico Caruso oder Benjamino Gigli. Weltberühmte Sänger", sagte Tante Ali. Ich fand sie nicht so toll. Hörte lieber Bässe brummen. Dachte an Papa.

Tante Ali erzählte mir später, als ich die Tenöre zum ersten Mal aus dem Grammophon singen hörte, wäre ich überrascht gewesen. Hätte die Augen aufgerissen und gefragt: Sitzen die Männer in dieser braunen Kiste? Ging hin, den Deckel zu heben. Tante sagte: „Lass das, der Deckel ist schwer. Außerdem bist Du noch zu klein, um das zu verstehen. Hab' Geduld, lieber Otto. Später wirst Du selber da drin sitzen und Geige spielen."

Schützenopa war für uns eine Chimäre mit Namen Alois Kuhlenberg. Der Vater meiner Mama und ihrer Schwestern. Sie müssen ohne ihn groß geworden sein. Ob sie ihn vermissten wie ich meinen Papa? Tante Ali sagte, er sei auf Geschäftsreisen, wenn wir fragten, wo der Opa ist. Eine Oma muss doch einen Opa haben. Wie Großmutter ihren Großvater. Niemand hatte uns damals aufgeklärt. Dachten unser Teil. Er muss per pedes rund um den Globus unterwegs sein. Bis heute noch nicht wieder in Düsseldorf angekommen.

Wie sich die Bilder gleichen. Mamas Papa abwesend. Mein Papa ebenso. Ihrer physisch, meiner psychisch. Ob sie ihn vermisst hat wie ich meinen vermisse. Spüre Leere in mir, die weh tut. Sehe ihn vor mir und weiß faktisch nichts von ihm. Hätte ich ihn nie gesehen wie Mama ihren Papa, wäre es nur halb so schlimm gewesen. Im Gegenteil, in meiner Fantasie hätte ich ihn sicher zum Helden stilisiert. Mama kann ich nicht mehr fragen.

Kopfbahnhof Riga.

In Navapolažk, nahe der Lettischen Grenze steigen die Russen aus. Einer nach dem anderen umarmt mich, küsst meine Wangen. Die rechte, die linke, und nochmal die rechte. Sieht mir lange, sehr lange in die Augen: „Uvidimsya v Himmel." Später im Glossar nachgesehen. Tatsächlich: Auf Wiedersehen im Himmel.

Ob er derselbe ist, den wir meinen, wenn wir beten? Andere, die fremde Götter anbeten, einen anderen Himmel haben? Das Universum wäre mit Himmeln bevölkert. Schöne Vorstellung. Gäbe es Gratiskarten, würde ich mir erst alle ansehen, bevor ich den Priester rufen lasse. Könnte ja ein Jenseits geben, in dem es zugeht wie auf einem Weinfest. Ich würde Badische Viertele trinke und mich im ersten, nein im siebten Himmel wähnen. Im siebenten Himmel der Liebe.

Was aber machen die Gottlosen, Kommunisten zum Beispiel? Sie dürften keinen Himmel haben. Vielleicht aber doch. Erinnere das Madonnenbild auf der Fahne Weißrusslands. Den Film mit Pfarrer Don Camillo und Bürgermeister Peppone. Auch eingefleischte Kommunisten haben eine Religion. Scheinen an Übersinnliches zu glauben. Marx und Lenin ihre Götter. Ihr Evangelium: der Himmel wird euch nicht geschenkt. Ihr müsst ihn euch erkämpfen.

In Riga angekommen. Riga, das Ziel meiner Reise. Endlich da, wo ich hoffte, mehr von dem zu erfahren, was meinen Papa bewegte. An was er dachte, was er fühlte als Soldat. Als

Mann, sah er eine Frau. Einer, der noch nicht verheiratet, aber sich danach sehnte. Als Katholik an Gott glaubte und die Gebote der Kirche beachtete. Der Krieg muss ihn verändert haben. Nicht mehr der Mann, der er vor dem Gemetzel war. Frage mich, will ich es jetzt nach so langer Bahnfahrt noch wissen? Genug Zeit, nachzudenken, mit anderen zu sprechen. Mir bewusst zu werden, auch ich bin nicht immer derselbe. Ein anderer, je nach Erkenntnis, Gefühlslage oder äußeren Umständen. Als Rose in mein Leben kam, fühlte ich mich wie neu geboren. Optimistisch nach vorne geblickt und nicht mehr zurück.

So könnte es auch Papa ergangen sein, als er Elli begegnete. Aber kaum möglich, hier in Riga den Beweis dafür zu finden. Vielleicht aber Beweise aus seiner Soldatenzeit. Kriege verändern Menschen. Sonst hätten nicht Hunderttausende Deutscher Soldaten im Zweiten Weltkrieg Kriegsverbrechen begangen. Will mir nicht vorstellen, dass Papa im Ersten 1914 – 1918 Zivilisten umgebracht hat. Obwohl Historiker davon berichten. Eher einer, der Frauen und Kindern half, sich zu verstecken.

Optimistisch wie immer will zum Ausgang, schnell, als hätte ich keine Zeit zu verlieren. Doch, wo sind die Türen, die ins Freie führen? Vor mir Düsternis, von Leuchtstoffröhren kaum erhellt. Nichts ist genau zu erkennen.

Dreh mich um, hell der Tag draußen, wo der Zug eingefahren ist. Es muss ein Kopfbahnhof sein. Einfahrt ist Ausfahrt. Durchgang zu Stadt und Bushaltestellen. Finde ich den richtigen Ausgang? Muss mich wohl anderen anschließen, die ihn zu kennen scheinen. Ratlosigkeit überfällt mich im Gedränge. Möchte stehen bleiben, mich erst orientieren. Spüre mich wachsen, einen Kopf größer werden. Wo, wo ist der Ausgang? Köpfe, nur Köpfe vor mir, die alle dasselbe denken. Raus aus der Masse. Kopfbahnhof müssen sie falsch verstehen. Rennen, hasten in Richtung Ausgang, der der Kopf des Bahnhofs ist. Als hätten sie ihren eigenen verloren und müssten einen neuen finden. Und damit den Verstand. Trillionen Nervenzellen im Gehirn könnten ihnen helfen, sich individuell zu entscheiden. Sie aber folgen dem Trieb der Masse.

Recke meinen Kopf hoch, noch etwas, noch ein bisschen höher: wo, wo verdammt noch mal, ist der Ausgang? Nicht nur mich, alle scheint es zu motivieren, ihre Hälse zu strecken. Einzig vom Verlangen getrieben, raus, nur rasch raus hier. Blicken nach rechts, links, hoch über die Köpfe vor ihnen. Wohin muss ich gehen, den Anschlusszug zu erwischen? Wo rausgehen, ins Hotel zu kommen? Nur wenige mit gesenktem Kopf, scheinen auf den Herdentrieb zu vertrauen. Wo aber ist der Schäfer, wo der Hund? Nur Schilder, die viele nicht lesen können. Weil es Kyrillische Buchstaben sind.

Auch ich ahnungslos, an westdeutschen Schulen war Russisch kein Wahlfach. MaTpëwka hilft mir hier überhaupt nicht. Babuschka aus Minsk könnte mir helfen, wäre sie bei mir. Der Russe, dessen Großmutter ich gerettet haben soll. Ohne sie bin ich hilflos und allein. Recke mich, spüre, mein

Hals wird länger, der Nacken schmerzt. Immer noch nichts zu sehen.

Massen hinter mir, neben mir, vor mir. Drängen mich, weiter zu gehen. Es drängt, schiebt, fühle mich hochgehoben, meine Füße scheinen den Boden nicht mehr zu berühren, Masse nimmt mich mit. Niemand steht, alle eilen, flüchten geradezu, so sieht es aus. Wollen raus aus dem Gedränge. Schieben, zwingen, einer den anderen, weiter, weiter. Ohne es explizit zu wollen. Es schiebt, gedrängt vom unbewussten Trieb, anzukommen, wo es schöner sein muss als hier.

Aussichtslos, dagegen zu halten. Versuche, selber das Tempo zu bestimmen. Bleibe stehen, mich umzusehen. Schon rempeln mich andere an, dass ich nicht anders kann als mit ihnen eilen, drängen, geschoben werden. Rasch wieder Teil der Masse. Kann nur hoffen, an den Ausgang zu kommen. Raus, nur raus. Möglichst bald.

Erkenne, was mir bisher noch nie so klar war wie hier: Wird Mensch zur Masse, verliert er den Verstand. Werkzeug seines eigenen Triebes oder machtlüsterner Politiker. Noch nicht lange her, als Truppen Hitlers auf dessen Befehl die Juden Rigas aus ihren Häusern vertrieben. In ein Ghetto steckten und sechstausend von ihnen ermordeten. Deutsche Soldaten zum zweiten Mal in diesem Jahrhundert Befehlen gefolgt, angebliche Feinde ihres Vaterlandes umzubringen. Auch nach dem EU-Beitritt Lettlands 2004 folgen Überlebende und deren Kinder den Verlockungen der Konsumwelt. Masse folgt Masse, als wäre es ein Naturgesetz.

Wie fühlt sich einer, der als Individuum den Kurs seines Lebens selbst bestimmen will? Opfern einer Übermacht in Kriegen muss es ergangen sein wie mir jetzt. Auch ich das Opfer einer Masse. Auch wenn es hier nicht um Leben und Tod geht. Gezwungen aber, ihr Tempo zu übernehmen. Nicht meinem eigenen Rhythmus folgen, gehen oder stehen bleiben. Den Fahrplan studieren für die Rückfahrt. Behinderte kämen nicht weiter. Umgangen, stehen gelassen wie von der Gesellschaft ausgesondert. Ich aber muss weiter. Dahin, wo sich alles hinbewegt. Eine Schnecke, sich vorwärts schiebendes, Schleim hinterlassendes Symbol der Langsamkeit.

Wäre ich eine Schnecke, könnte ich mich seitwärts schleichen, ohne dass einer es merkt. Am äußersten Rande eine Spur finden, die niemandes Füße betreten. Das ohne Hilfe einer Bausparkasse selbst gebaute Haus auf dem Rücken. Mich hinein verkriechen, zehn Minuten ein Nickerchen machen, bis der Bahnsteig leer, die Menschenmasse sich irgendwohin aufgelöst hat. Vorausgesetzt, es hat mich niemand platt getreten auf dem Weg dorthin. So gesehen ein Glück, keine Schnecke zu sein. Nicht mal das Wort Nickerchen ist Realität.

Masse ist Masse, gnadenloses Ungeheuer. Ich muss ihm entrinnen. Schon der Gedanke daran lässt mich wachsen, größer werden als ich bin. Fantasiegebilde sind Wirklichkeit für den, der sie sich vorstellt. Ich ein fantasiebegabter Mensch und werde es immer sein. Schon spüre ich mich wachsen. Unterhalb meiner Gürtelschnalle Köpfe. Köpfe auf Schultern, aber ohne Gesicht. Hinterköpfe. Frisiert, geflochten, onduliert oder kahl geschoren wie Papa. Mützen, Hüte, Kopftücher. Rollkoffer hinter sich oder Rucksäcke auf dem Rücken vergrößern den Abstand zu denen hinter ihnen. Doch Gepäck schafft keinen Platz. Im Gegenteil.

Diese verdammte Masse hindert mich, schneller zu gehen. Eingezwängt in ein Tempo, das ich nicht will. Wäre ich zehn Kopf größer, ein Riese, wie ich Papa als Dreijähriger sah, würde ich sie mit meinen Händen wie auf Schaufeln nehmen und mir freie Bahn verschaffen. Wo aber ist das, das mich größer macht? Hoch hinaushebt? Als ich klein war, wünschte ich mir, Papa nähme mich auf seine Schulter. Wie ich es bei anderen Kindern sah. Damals leider nie die Welt von oben gesehen. Mag sein, meine Sehnsucht rührt aus unerfüllten Kinderwünschen.

***

Schon kommen Erinnerungen an das, was ich als Kind wünschte, von was ich träumte. Die Wirklichkeit anders wahrgenommen und in ihr eine Rolle gespielt. Ein anderer wollte ich sein und blieb doch derselbe, bis heute. Immer noch fasziniert von der Möglichkeit, mich selber zu verwandeln. Als 6jähriger zum ersten Mal das Hochamt besucht und Männer am Altar in seltsamen Gewändern gesehen. Nicht wie ich sie kannte in Anzügen. Einmal sogar in weit wallendem Chormantel. Gewünscht, das möchte ich auch. Zuhause am

Küchentisch die Messe feiern. Pfarrer sein in einem festlichen Gewand.

Großmutter nach Mamas Tod noch im Haus, half mir diese Idee zu realisieren. Nähte mir ein Messgewand, besorgte Kerzenständer, Kreuz, einen goldgeätzten Weinkelch und Oblaten aus der Apotheke. Der fünfjährige Bruder Karl spielte den Messdiener, das Spitzennachthemd unserer Mama umgehängt. Papa muss es im Kleiderschrank aufbewahrt haben.

Schon bei der ersten Vorlesung an der Universität beeindruckten mich die Professoren. Hoch auf dem Katheder. Absentiert von der Masse, Würde und Authentizität ausstrahlend. Und schon sah ich mich als Professor auf dem Katheder sitzen und dozieren. Nicht als Zeichenlehrer von Bank zu Bank gehen, Schülern sagen, was sie falsch oder richtig gemacht haben.

Den Film «Sieben Ohrfeigen» mit Willy Fritsch und Lilian Harwey gesehen. Mich selber in den siebenten Himmel der Liebe gewünscht. Mit schönen Mädchen, die ich schon lange aus der Ferne verehrte. Ursel, Ruth oder Annemarie. Als Inhaber einer Agentur mit erfolgreichen Mitbewerbern konfrontiert. Das spornte mich an, einer wie «Team» oder «Ogilvy & Mather» zu werden. Denen Unternehmen Aufträge geradezu aufdrängten. Mit neuen Ideen hatte ich Erfolg, auch in schwierigen Zeiten neue Kunden gewonnen. Selten kam mir der Gedanke, ich könnte etwas falsch machen.

In meinem Inneren muss Gott ein Radar installiert haben, das Schönes und Eigenartiges registriert, wo immer es ist. Damit ich mich damit beschäftige und Lust kommt, es zu verwandeln. Was ich sah, roch, hörte, fühlte oder schmeckte. Ständig bemüht, Neues, völlig anderes daraus entstehen zu lassen. Alle Sinne wach und angespannt. Ich kann sie nicht einfach ausschalten wie einen Computer. Alles, was kommt, ist da und sieht mich an: mach was draus.

Das erste Weiß des Märzenbechers im sprießenden Grün fotografiert. Im PC in ein Gemälde verwandelt. Das leuchtende Ultramarin der Iris im frühen Jahr ebenso. Nicht lange danach färbte Mohn die Wiesen rot. Animierte mich, ein Gedicht über ein vergessenes Mohnbrötchen zu schreiben. Wispern windbewegter Schilfgräser am Ufer eines Sees animierte mich, es auf dem Klavier in Tönen nachzuempfinden. Eine Amsel flöten gehört, mit gespitzten Lippen zurückgeflötet und Antwort bekommen. Ein Dialog entstand. Champignons im Wiesengrund lachen mich an. Nicht lange danach in Petersiliensahne gebraten. Farbenrausch herbstlicher Wälder entzückt mein Auge. Während die grauen Zellen im Gehirn Totensonntag denken und rotes Licht auf den Gräbern.

Alles, was ich sehe, höre, rieche, schmecke und fühle, entscheidet sich im selben Augenblick. Vergesse, was mich nicht anregt oder verwandle es. Was bleibt, speichern die grauen Zellen im Gehirn. Bleibt meines, solange ich lebe. Stoff, aus dem ich Neues machen möchte, noch nicht Dagewesenes. Manches jedoch lasse ich unverändert. Weil es mich verändert hat. Ein ovaler Türkis zum Beispiel. Auf mein Kopfkissen gelegt, von Rose, der Frau meines Lebens zu träumen. Sie liebte Türkis. So wird alles Bild, Wort, Gericht oder Traum. Ich kann nicht anders.

Dieses Radar in mir registriert nicht nur, es liefert mir dauernd neue Ideen. Aus unbekannten Tiefen geschöpftes Material. Formuliere auf Spaziergängen den Text einer Ansprache, eines Gedichts. Notiere ganz altmodisch Stichworte auf ein Blatt im Notizbuch. Lese es laut, um es objektiv wie von einem dritten zu hören. Lasse, oder korrigiere es. Einem neuen Einfall folgend. Alles geschieht ohne mein Zutun. Was oder wer mag es sein? Erwarte keine Antwort, glücklich, dass es so ist.

Es muss Erbteil meiner Mama sein. Von wem sonst hätte ich, was so selbstverständlich kommt und da ist? Einfach so. Erinnere, Mama war spontan und direkt. Mein kindlicher Verstand noch nicht fähig zu denken, nur zu fühlen: Spürte ihre Anwesenheit, als wäre sie immer bei mir, nie anderswo. Ihre sanfte Stimme noch im Ohr.

Papa dagegen trotz gelegentlicher Ausbrüche schweigsam, auf mir unerklärliche Weise abwesend. Selbst wenn er da war. Von ihm habe ich wohl das zeichnerische Talent geerbt. Mamas Anteil aber muss stärker sein als der von Papa. Nachhaltiger wirken. Spüre ihre Wange an meiner, betrachte ich ihr Foto auf meinem Schreibtisch. Sie muss auch mich sehr geliebt haben. Wie alles, was Leben heißt, lacht, weint und glücklich macht. Komprimiert in achtunddreißig Jahre ihres kurzen Lebens. Fragen kann ich sie nicht mehr. Es wird so gewesen sein wie ich denke. Spüre es, weil ich ihr Sohn bin.

Mama muss mit ihrem Optimismus mir eine positive Sicht der Welt vorgelebt haben. Nach jedem Verlust fange ich neu an. Nach jedem Sturz stehe ich wieder auf. Akzeptiere das Wetter, wie es ist. Und alles, was ich nicht ändern kann. Vergesse die lädierte Wirbelsäule, Herzbeschwerden, schreibe ich an einem Buch. Spiele ich Mozarts Sonate in A-Dur auf dem Klavier, als hätte Alfred Brendel sie gespielt. Heute, nicht morgen meine Maxime. Es kann doch nur Mama sein, die mich treibt, wer sonst? Schutzengel, der Heilige Geist? Sehe ich vom Rosengartenpfad Schwäne gelassen ihre Runden drehen, ist die Welt wieder in Ordnung.

Ob es das ist, was mich so sicher macht? Freude an Leben und schöpferisches Tun? Eigenschaft, die andere als Hybris, als Hochmut kritisieren. Weil sie nicht wissen, was mich so werden ließ. Ich bin Optimist, schöpfe meine Kraft aus allem was mir gut tut. In Gedanken und im täglichem Leben. Mich reich macht mit allem, was einzigartig ist. Und ist es noch so klein. Winzige Blüte Vergissmeinnicht. Vergänglich wie der Regentropfen auf sonnenheißem Stein. Da, im Moment des Erkennens.

Papa fällt mir ein. Mir selber mit «Erkennen» das Stichwort gegeben. Muss ich weiter suchen? Erkennen, wer er war. Weiß jetzt, dass ich für mich Wichtigeres von Mama geerbt habe. Nicht von ihm. Kann er mir egal sein, frage ich mich. Er hat mich gezeugt, sonst wäre ich heute nicht Otto Willi. Seinen Namen bekommen, sonst hieße ich nicht Bringer. Tatsachen sind es wie meine Sensibilität für die schönen Seiten des Lebens, die ich von Mama geerbt. Kann ich jetzt zufrieden sein, Papa und Mama lieben, weil sie meine Eltern sind? Und keine Fragen mehr stellen?

Bin sicher, sie werden mich weiter beschäftigen. Weil mich unruhig macht, was ich nicht ganz durchschaue. Noch nicht zu Ende gebracht. Den Sinn eines Werkes nicht erkenne, von dem ich glaubte, es ist perfekt. Ewig die Unruhe in mir, tickt und tickt und zwingt mich, zu vollenden, was gerade angefangen. Stets auf der Suche nach neuen Herausforderungen. Körperlich ein Wrack mit Bandage, Hörgeräten, Weitsichtbrille, Schuheinlagen und zunehmender Vergesslichkeit.

Dennoch drängt es mich zu schaffen, Träumen nachjagen, sie zu verwirklichen. Nach Roses Tod erst richtig losgelegt. Als ob schon der Gedanke an die Geliebte schlummernde Kräfte geweckt. Einen ihrer zahlreichen klugen Gedanken erinnert. Mir ein ganzes Universum hinterlassen, um es auszuschöpfen. Dreiundzwanzig Bücher geschrieben in den neun Jahren nach Roses Tod. Über Liebe, Leidenschaft, das Schicksal von Menschen und Völkern. Alt werden, Sterben und Tod, Vergänglichkeit. Alles ist Mode. Über die Folgen der Digitalisierung. Das Leben Kaiser Friedrich II. nach seiner Absetzung durch den Papst.

ALTER EGO, in dem ich bekenne, ein doppeltes Leben zu führen. Ein reales und das in meiner Fantasie. Verwandle Fotografien im Computer in Gemälde. Spiele Klavier und bewirte Gäste wie ein Sternekoch. 92 Jahre jung und Optimist. 200 werde ich sein, verlasse ich die hiesige Welt. Tausende werden mir nachweinen. Meine Bücher lesen und schwärmen von meiner Bouillabaisse. Bildern in Ausstellungen, meinen Lesungen.

Noch etwas wird mir bewusst: Folge ich einer Intuition, weiß ich im Nachhinein, es war gut so. Man nennt es Bauchgefühl. Frage mich, wer hat es mir eingegeben? Irgendwas muss es sein. Von selbst passiert nichts. Folgen müssen eine Ursache haben. So ist es mit allen Dingen. Ob ich gelassen über eine Wiese spaziere, an nichts zu denken, mein Sinn. Da landet vor mir ein Distelfalter auf einer Distelblüte. Distel zu Distel. Farbe sucht Grau, um Farbe als Wunder zu erkennen? Oder mir zuliebe? Schreibe ein Gedicht. Auch Menschenwerk begeistert mich. Sehe ich nahe Siena Pinien die Straße säumen, den Weg weisen zum Weingut oben auf dem Hügel. Die Landschaft gewinnt Kontur. Kultur entsteht. Ordnung statt Wildnis.

Auch Zweck kann schön sein: während der Operation meines Grauen Stars musste der Arzt die neue Linse auf dem Augapfel platzieren. Schob sie mehrmals hin und her und ich sofort begeistert. Regelrecht hingerissen von dem, was ich sah: Psychedelische Bilder. Wie ich sie von Künstlern kannte, die mithilfe von LSD sich neue Welten vorgaukelten. Nur wenige Sekunden verfiel ich selber dieser Illusion. Liebend gern hätte ich sie noch länger gesehen.

Genug jetzt zurück geblickt, die Gegenwart hat mich wieder. Auf dem Bahnsteig immer noch viel zu viele Menschen. Es schiebt und treibt mich wie vorher schon. Da eine Bank, auf der niemand sitzt, und schon bin ich oben. Den Koffer stehen gelassen. Endlich über den Dingen. Die Köpfe unter, nicht neben mir. Atme tief durch und versuche, mich zu orientieren. Der höhere Standpunkt wird mir mehr Überblick schaffen. Das Ende der Drängelei erkennen.

Theoretisch könnte ich hier oben warten, bis alles sich verlaufen hat. Das aber kann lange dauern. Da fällt mir ein, ich hatte mein Fernglas mitgenommen. An mich zu ziehen, was sich weigert, mir näherzukommen. Größer zoomen, was klein ist.

Hole es aus dem Koffer und gleich vor die Augen gehalten. Am Ende der Halle Türen gesehen, durch die sich die Masse schiebt, um dahinter in Einzelwesen zu zerfallen. Wie durch den Wolf gedreht, kommt mir vor. Fleischwolf vor Augen, Gedanken im Kopf:

Wessen Hand mag es sein, die aus Menschen Masse macht? Gott erschuf Adam aus Erde, glaubte ich als Kind. Denn wissen konnte ich es nicht. Bis heute nicht klüger geworden. Auch Darwins Evolutionstheorie hat mich nicht überzeugt. Seine Ur-Zelle muss auch einer erschaffen haben. Lasse es beim biblischen Gott. Vielleicht wird er mich erleuchten, damit ich glaube, was ich mir einbilde. Meine These:

Mensch aus Erde ist Fleisch geworden. Und alles, was Fleisch ist, wird durch den Wolf gedreht. Damit Welt-Burger daraus werden. Konkurrenz zu Burger-King und Mc-Donald. Mittlerweile sind es sieben Milliarden. Masse, die sich auf Bahnsteigen dick macht, in engen Gassen und Treppenhäusern. Einzelgängern die Luft zum Atmen nimmt.

Meine Sehnsucht aber sucht Schöneres, entdeckt jenseits der Ausgänge eine Häuserzeile. Wunderschöne Jugendstil-Fassaden. Ginge so gern bis nahe davor und bliebe stehen, alles von Nahem zu betrachten. Stände ich nicht auf dieser Bank. Sehnsucht, jedes Detail des weißen Marmors aus Carrara bewundern an Erkern und Bogenfenstern. Marmorweiß auch die Statue einer Frau zwischen zwei Fenstern auf einer Konsole. Ob es die Siegesgöttin Athene ist? In hoch gereckten Händen ein Lorbeerkranz. Wer ist es, den sie krönen wird? In der Antike waren es Kaiser, Sieger und Künstler. Staatsmann und Dichter Dante Alighieri in der Früh-Renaissance. Den Maler Beinke hat sie nicht gekrönt, sonst wüsste ich es. Papa hätte es nicht verschwiegen.

Stelle mir vor, ich ginge mit einem vergoldeten Lorbeerkranz auf dem Kopf unter die Leute. Sie hielten mich für verrückt. Alle aber, die mich für verrückt halten, sollen wissen, ich bin ver...rückt. Ja, liebend gern ver...rückt. Abgerückt von überholten Standpunkten, falschen Moden. Neues zu entdecken, mich faszinieren lassen. Von allem, was anders, was schön, was die Wahrheit ist.

Diese Frau auf der Fassade zum Beispiel fasziniert mich, möchte ihr näher kommen. Die Statue, aus weißem Marmor gemeißelt, von nahem betrachten, zu betasten. Wie Donatellos David in Florenz. Schnell das Okular gedreht und schon sehe ich ihre Gestalt wie in Natura. Zum Streicheln nah. Sehne mich nach Rose. Schmal die Schultern, eng die Taille. Der Schwung ihrer Hüfte macht mich nervös. Ob Papa sie gesehen? An Botticellis Venus im Kunstlexikon gedacht oder ein schönes Mädchen in seiner Heimat? Ganz sicher der Statue verfallen wie ich in diesem Augenblick der Täuschung.

Ob ich hier in Riga einen Beweis für diese Annahme finde? Einen Menschen treffe, der die Statue bewundert wie ich sie noch von ferne bewundere? Wir ins Gespräch kommen? Es könnte doch sein, dass sein Großvater den ersten Weltkrieg erlebte und sich erinnert. Noch aber stehe ich auf der Bank, hoch über den Menschenmassen. Von derselben Masse aber daran gehindert, den Bahnhof zügig zu verlassen.

Gewissen oder Vernunft meldet sich: Du hast Dich selbst getäuscht. Dich über andere Menschen erhoben und auf die Bank gestellt. Denke an das Bibelwort: «wer sich selbst erhöht, wird erniedrigt werden.» Hättest Du Dich von dieser Masse treiben lassen, wärst Du schon aus dem Bahnhof heraus. Könntest Deine Göttin von nahem betrachten. Aber Du wolltest unbedingt hier oben stehen bleiben, dieser fixen Idee vom Fleischwolf verfallen.

Ja, Du hast Recht Alter Ego, ein Funke meines Verstandes ist noch in mir. Kann mich zwar selber imaginieren, aber die Masse nicht. Besser hätte ich mich anpassen sollen.

Stehe hier auf der Bank, einen halben Meter höher als die Masse. Hoffte, weiter zu blicken als vorher. Zu sehen, was Papa sah. Stattdessen zweifle ich jetzt an dem, was ich wollte. Bleiben oder Nichtbleiben? Das ist hier die Frage. Soll ich umkehren, die lange Reise umsonst gemacht haben? Nein. Entschließe mich, anders als Shakespeares Hamlet, nicht den momentan misslichen Zustand zu beklagen. Sondern mein Vorhaben durchzuführen und in Riga Papas Spuren verfolgen. Auch wenn Mama jetzt für mich wichtiger ist. Andere Frauen mich an Liebe denken lassen. Babuschka in Minsk. Tulipane, verheiratet in der Schweiz. Beide haben in mir das Verlangen geweckt, mit einer Frau zu schlafen. Denke an Rose, die Liebe meines Lebens. Glücklich wie nie zuvor und nie mehr danach.

Wieder meldet sich der klügere Teil meines Hirns: will ich, muss ich wirklich wieder eine Frau haben? Nur weil es mich juckt, mit ihr zu verschmelzen, wie es der Pastor im Zug formulierte? Nochmal von vorne anfangen? Ahne, es kann nicht mehr so wunderbar sein wie mit Rose. Ich werde ein anderer sein. Von einer anderen Frau geprägt, ihren Interessen und ihrer Kunst, mit Männern umzugehen. Könnte einer werden, der ich nicht sein will. Babuschka und Tulipane waren mir auf Anhieb sympathisch. Ja, ich hätte sie auch gerne in den Arm genommen und geküsst. Sex gehabt vielleicht, wären sie mir entgegen gekommen.

Bei Rose war alles anders. Wir wuchsen aneinander im Laufe der Zeit. Zu denen, die wir sein wollten. Und blieben doch, die wir waren. Achtundzwanzig Jahre mit Rose haben es in mein Herz gebrannt, in jede Zelle meines Gehirns. Ich kann keine andere Frau lieben, so wie ich Rose liebte.

Das Hotel «Garden Palace» hatte ich für eine Woche gebucht. 42 Euro die Nacht, Frühstück extra. Praktisch im Zentrum der Altstadt. Auch das Museum der Okkupationen. Russen und Deutsche die Besatzer Anfang des ersten Weltkrieges 1914 – 1918. Erst aber will ich die Stadt schnuppern. Könnte ja sein, dass ich noch Pulverdampf rieche, das Echo explodierender Granaten höre. Die Schreie von Menschen. Vielleicht begegne ich einem alten Mann, der das Chaos beim zweiten Überfall durch Nazi-Armeen 1941 erlebt und davon gekommen ist. Das Tagebuch eines besitzt, der 1915 gelebt.

Immer noch drängen Massen unter mir, schieben sich an mir vorbei. Auch draußen vor dem Bahnhof haben Menschen wieder zur Masse gefunden. Im Fernglas nah und nicht zu leugnen. Einmal Masse, immer Masse. Auf der Hauptstraße schiebt und schubst es wie hier und scheint nicht weiterzukommen. Wer es eilig hat, ist verloren. Hier im Bahnhof wäre der Anschlusszug längst abgefahren.

Erinnert an Heiligabend auf dem Münsterplatz in Freiburg. Noch einkaufen, was fehlt. Tannenbaum, Lametta, das letzte Gänsebein ergattern. Die letzten frisch gegossenen Pralinés aus Colmar. Den Verlobungsring für die Heißgeliebte. Bevor Stände und Läden geschlossen sind.

Hier auf dem Bahnsteig hat sich nichts geändert. Immer noch eilen Menschenmassen, als ginge es zu einem Fußballspiel. Der Zug muss zehn und mehr Waggons haben. Auf der Bank glaubte ich ihnen zu entkommen. Und stecke mittendrin. Abhängig wie vorher schon. Freiwillig zwar und ohne Zwang. Aber nach wie vor ein Teil der Masse, auch wenn ich zwei Köpfe höher über ihr stehe. Höher und weiter sehen kann als Papa jemals.

Stiege ich jetzt ab, wäre ich ein Teil der Masse, was ich nie sein wollte. Masse stößt mich ab. Fußballspiele in Stadien, Massenproteste auf Straßen, lärmende Bars auf Mallorca. Nie war ich freiwillig Objekt einer anderen Macht. Von Eltern und Wehrpflicht abgesehen. Ich bin Subjekt, seit ich mir eine eigene Meinung bilden kann.

***

Musste Neunzig werden, um mich zu erkennen und resümieren, wer ich bin. Ein Leben lang nur Intuitionen und äußeren Reizen gefolgt. Ständig gewünscht, ein anderer zu sein. Höher stehen, nicht auf einer Stufe mit anderen. Außerhalb des gesellschaftlichen Konsenses. Immer schon trieb es mich aus der Stadt. Auf Bergeshöhen, Weite zu atmen. Leuchttürme bestiegen, inmitten tosender See, hoch oben gehockt wie in Abrahams Schoß. Gelassen das Meer toben gesehen, Schiffe schwanken. Leuchtbojen am Hafen zappelten und schienen um Hilfe zu rufen. In Polenca dreihundertfünfundsechzig

Stufen den Kalvarienberg hochgeklettert, von der Kapelle hinunter ins Orangental zu blicken. Und mich als Herr der Insel Mallorca gefühlt.

Immer schon wollte mein Ego höher stehen als andere, weiter sehen, Wunder erleben. Meinen Hunger nach Freiheit, meinen Durst nach allem Schönen stillen. Am meisten aber trieb es mich, mehr zu können als man bei mir vermutete.

Spielte Geige im Altenberger Dom, berauscht vom Widerklang aus den Gewölben. Ich kann 's. Sang unter Eisenbahn-Tunneln «Die Verleumdung» aus «Der Barbier von Sevilla». Stolz auf meinen Bariton, sonor wie der von Walter Berry. Als Führer einer Jugend-Gruppe den Turm einer Burg bestiegen. Akkordeon gespielt, in den Himmel gestarrt. Auf den Kometen gewartet, der kommen sollte. Als Student mich bei meinem Professor als Zeichner beworben. In seinem Atelier gearbeitet und von einer Karriere als Star-Architekt geträumt. Mit dem Geld einer Erbschaft meinen Lieblingswunsch erfüllt. Einen «Bösendorfer» Flügel gekauft. Geübt und auf Tonband aufgezeichnet. Um Bachs «Kunst der Fuge» zu hören wie von Glen Gould gespielt.

Malte Bilder, handtuchgroße Aquarelle, Papa zu übertreffen. An die Wände eines Kinos tanzende Frauen. Groß musste es sein, um berühmt zu werden. Fotos von Obst und Gemüse im PC in Gemälde verwandelt. Bis zu drei Meter groß drucken lassen. Ausgestellt in der Stadt und bekannt geworden wie ein bunter Hund. Zuletzt nur noch Bücher geschrieben. Dieses das vierundzwanzigste. Gelesen im Theater und privaten Zirkeln, gekauft von Millionen, die ich mir einbildete.

Frage mich jetzt: ist es dieses angeborene Verlangen, das mich auf die Bank steigen ließ? Mich höher zu wähnen, nicht nur, um der Masse zu entgehen. Mich separieren statt mich anzupassen? Doch nach wie vor bin ich dieser Masse ausgeliefert. Abhängig, obwohl ich über ihnen stehe. Müsste abwarten, bis alles vorbei ist. Auf dem Bahnsteig kein Mensch mich daran hindert, abzusteigen und gehen, wohin ich will. Und alles, was mich fasziniert, in aller Ruhe betrachten.

Die schönen Fassaden draußen würden mich interessieren, glücklich machen. Wie alles, was harmonisch gestaltet ist. Oder von Natur aus beschaffen wie Frauen, die mich anziehen wie nichts sonst. Goethe hat Recht: Alles Weibliche zieht uns hinan.

Die marmorne Frau auf der Fassade lockt mich. Will sie näher zoomen und drehe das Objektiv versehentlich andersherum. Und immer noch das gleiche Bild wie soeben. Die Straße verstopft von Massen Menschen. Geschiebe, Gedränge wie in der Bahnhofshalle. Werde ich der Masse nie entrinnen? Vom Regen in die Traufe kommen?

Will es genau wissen, picke mit dem Fernglas Einzelne heraus. Scheinen wie bei uns vom Einkauf nachhause zu eilen. Frau schleppt prallvolle Taschen. Hund sucht sein Herrchen. Kleines Kind auf dem Arm seiner Mama, ein zweites im Kinderwagen. Alter Mann flüchtet in einen Hauseingang, der Masse zu entgehen wie ich. Fühle mich auf der Bank wie im Auge eines Wirbelsturms. Könnte Ruhe bewahren, hätten die Wetterforscher Recht. Im Auge herrscht Stille, aber außen herum tobt der Sturm. Hier in der Bahnhofshalle und draußen in der Stadt. Menschen getrieben, geschoben, gedrängt, anzukommen. Ich mag nicht heraus aus dem Auge, nur zuschauen. Hoffen, bald legt sich der Sturm und ich kann aufatmen. Und endlich zu Ende bringen, was ich mir vorgenommen habe.

Aber nichts scheint sich zu ändern, niemand diesem Teufelskreis entfliehen zu können. Getrieben vom Wunsch, endlich heraus, zuhause ankommen die aus dem Zug. Die in der Stadt wollen Neues erleben. Von werblichen Versprechen gelockt zu kaufen, um up-to-date zu sein. Jeans mit Löchern, Smartphone, mit dem man bezahlen kann. Staubsauger, der Teppiche selbsttätig reinigt. Ein neues Automodell auf Mini-Leasingraten. Adler in die Haut geätzt, der letzte Schrei.

Niemand merkt, dass er nicht weiter kommt, sondern auf der Stelle bleibt. Normen folgt, die er für Freiheit hält. Unbeweglich geworden in der Masse Gleichgenormter. Willkommen geheißene Freiheit des Einzelnen der Mode unterworfen. Nicht bedenkend, dass Mode ständig wechselt. Auch in Riga. Wahrscheinlich kaufen hier wie bei uns nur wenige Individuen das, was zu ihnen passt. Und nicht dem Lockangebot verfallen. Von hoher Qualität ist, um länger Freude daran zu haben. Oder einfach nachhause gehen, bei Tee und Gebäck ein Buch zu Ende lesen. Und wissen, ob sie eine Chance haben, ein besserer Mensch zu werden. Die Masse aber scheint nicht lernen zu wollen, sondern lockenden Angeboten zu verfallen. Westliche Konsumrausch hat Riga erreicht.

***

Zum zweiten Mal meldet sich das Gewissen: Werde auch ich getrieben von der Lust, meine Neugier zu befriedigen? Wissenswertes zu erfahren, mir zu eigen machen? Ist es der gleiche Impetus, wissen zu wollen, warum Papa sich so verhielt, wie ich ihn erlebte, empfand und mir letztlich doch nur zusammenreimte? Will ich auch erkennen, welchen Einfluss Mama auf meinen Charakter hat? Als ließe es sich anhand kindlicher Wahrnehmung berechnen. Ergründen, warum ich mich nach Harmonie sehne, nach allem, was schön ist? Muss ich das alles wissen, mit meinem Verstand begreifen?

Oder reicht es zu fühlen? Ändern kann ich es ohnehin nicht. Aber Gefühle ändern sich. Was also soll ich tun? Abwarten? Bei dem belassen, was ich weiß derzeit? Nachhause fahren? Mathematisch nachweisen lässt sich der Charakter Papas nicht. Erinnere nur, wie ich mich fühlte damals. Ob das allein beweist, was ich wissen will?

Mama liebte mich bestimmt, spüre noch die Wärme ihres Körpers, holte sie mich zu sich in ihr Bett. Ihre Hand streichelte zärtlich meine Wange. Hörte die Englein singen, spielte sie auf ihrer Geige. Ihr Gutenachtkuss, auf meine Stirn getupft, beschloss den Tag. Sehe ihr Gesicht noch vor mir, scheint sie immerfort zu lächeln, ihre sanfte Stimme im Ohr.

Von Papa erinnere ich nur, dass er größer war als andere Männer. Umarmt hat er mich nie, im Gegenteil, mich geohrfeigt wegen irgendwas. Fragte mich damals schon: Warum? Ist das seine Art zu lieben? Sagte er hin und wieder «Kappesköppken» oder «Jünken» zu mir, war ich verunsichert. Mag er mich doch, auf seine Art? Das soll ein Fünfzehnjähriger verstehen.

Ob Papa fähig war, Elli zu lieben wie ich Rose liebte, kann ich mir nicht vorstellen. Möglich aber wäre es. Denn jeder liebt auf seine Art, die Außenstehende nicht unbedingt erkennen können. Verstehen schon gar nicht, weil selbst leidenschaftlich Liebende es nicht einmal selber verstehen. Es treibt sie zu lieben. Sogar gemeinsam zu sterben, verbieten ihre Eltern die Heirat. Wie Romeo und Giuglia.

In meinem Leben habe ich nur eine wirklich geliebt: Rose, meine zweite Frau. Hätte alles dafür gegeben, sie am Leben zu halten und konnte es nicht. Sie starb an Atemversagen. Nach vier Operationen, drei Darmdurchbrüchen, einen Tumor im Kopf. Rose aber lebt weiter in ungezählten Fotos, die ich von ihr machte. In meinen Bildern und Büchern, immer noch die Königin meines Herzens. Dass ich sie immer noch liebe, erkennt jeder, der meine Bilder sieht, meine Bücher liest.

Versuche mir jetzt vorzustellen, ob auch Papa zu einer solchen Liebe fähig war. Auch wenn er nie darüber sprach, könnte Elli, seine erste Frau die große Liebe seines Lebens gewesen sein. Immer noch liebte, als sie schon gestorben war. Wie ich meine Rose liebe, mehr als zuvor, als könnte ich ohne sie nicht leben.

Kann mir gut vorstellen, auch Papa liebte Elli mit einer Besessenheit, die alles andere ausschloss. Seinen ganzen Vorrat an Liebe verschwendet an diese eine Frau, die meine Mama war. Eltern, Kinder und Guste, seine zweite Frau nicht so geliebt, wie sie es verdient hätten. Sein Verhalten als Vater und Ehemann könnte darauf schließen lassen.

Es hätte so sein können, Beweise habe ich nicht für diese Annahme. Ein Psychotherapeut könnte es aus seinem Verhalten schließen. Mit mir als einzigem, noch lebenden Zeugen aber untauglich, im Nachhinein sowieso. Befangen bin ich, wie so oft in meinem Leben.

Frage mich jetzt, heißt lieben befangen sein? Papa von seiner Elli wie ich von meiner Rose? Und umgekehrt. Es muss mehr sein als sexuelles Begehren. Alles umgreifen, was denkbar, fühlbar ist. Wirklich oder geträumt. Vielleicht ist es das gewisse Etwas, das sich nicht definieren lässt. Aber diese Exklusivität zur Folge hat. Papa zu dem gemacht, der er war. Mich zu dem, der ich bin. Nur eine Frau geradezu zwanghaft zu lieben, sodass sich alle anderen ausgeschlossen fühlen müssen.

***

Plötzlich springt eine Frau auf meine Bank. Hält sich an mir fest, fragt: „Darf ich?" Dumme Frage, die Bank ist zwei Meter lang. Platz genug für vier, die dem Gedränge entkommen wollen. „Ich sehe, Du hast ein Fernglas, gib es mir mal. Bin neugierig auf das, was Du gesehen hast."

Sie duzt mich, sehe ihr ins Gesicht, bevor ich ihr das Fernglas gebe. Es ist Rose, meine Rose. Nicht zu fassen, träume ich? Weiß nicht, ob ich mich freuen soll. Das bleiche Gesicht der Toten im Sarg vor Augen. Ein Buch von mir ihr in die Hände gelegt. Mit Liebes-Gedichten, zu denen sie mich inspirierte bei unserer ersten Begegnung. Mehr konnte ich ihr nicht mitgeben als Verse eines Mannes, den sie lehrte, die Liebe zu lernen.

Die Frau sieht aus, wie ich Rose in Erinnerung habe. Die blonden Haare hochgekämmt, zum Krönchen geflochten auf dem Hinterkopf. Königin meines Herzens. Die kleinen Ohren, die ich früher mit Gold und Edelsteinen schmückte, nackt. Es ist Rose, meine Rose. Trau mich nicht, sie zu duzen, ich könnte traumatisiert sein. Denke ich doch unausgesetzt an sie. Bei allem, was ich sehe, höre und schmecke. Alles erinnert an sie. Alles. Ob sie es wirklich ist, muss ich herausfinden:

„Darf ich Ihnen einen Rat geben? Hängen Sie sich das Fernglas mit dem Riemen um den Hals. Dann fällt es nicht herunter auf den Steinboden. Falls Sie erschreckt, was Sie sehen und das Glas Ihren Händen entgleitet. Ein Fernglas mit Rissen im Okular ist nicht mehr zu gebrauchen.“

„Du brauchst mich nicht zu belehren, ich weiß, dass man Ferngläser umhängt, um schnell größer zu sehen, was klein ist.“

Sie ist es. immer schon hatte sie die richtige Antwort parat. Schon äugt sie herum in der Bahnhofshalle. Dann da, wohin es auch mich zog. Auf die Straße jenseits des Ausgangs. Als hätte sie geahnt, was mich interessiert, wie früher. Und ihre Meinung geäußert. Kaum gedacht und schon höre ich eine Stimme, die ich nur zu gut kenne:

„Sah das Gewühl vieler Menschen auf meinem Flug zur Erde, klein wie Ameisen rennen, flitzen. Jetzt durchs Fernglas groß, wie ich sie erinnere. Eilen, rennen, als dürften sie nicht zu spät kommen. Angst vielleicht, sie könnten Wichtiges verpassen. Dich, Chou sah ich schon längere Zeit auf dieser Bank stehen. Menschenmassen beobachten um Dich herum auf dem Bahnsteig. Mit dem Fernglas die auf der Straße. Was fasziniert Dich daran? Anlass, ein Gedicht zu schreiben sicher nicht. So wie ich Dich kenne, eher einen Roman über die Relativität der Zeit. Wir sprachen oft über Einsteins Theorie."

Recht hat sie, wie so oft in Gesprächen den Nagel auf den Kopf getroffen. Wieder spüre ich den gleichen Impetus wie damals. Es anders zu sehen als sie. Mit Worten Bilder zu malen, betrachte ich die reale Welt.

„Gib mir das Fernglas zurück, will sehen, was Du gesehen, und kommentieren auf meine Art. Du hast mich mal einen sympathischen Fantasten genannt. Gehe davon aus, es gefällt Dir auch diesmal:

Alles eilt, rennt, flieht und darf nicht zu spät kommen. Ist es die Angst vor dem Minutenzeiger auf der Bahnhofsuhr? Dem großen auf Kirchtürmen? Angst in den Augen beim Blick auf die Armbanduhr? Zeit vergeht und wir vergehen vor Angst. Zu spät kommen, verpassen, was uns glücklich machen könnte. Es tickt der Verstand wie ein Uhrwerk. Unterbricht, innezuhalten. Und tickt weiter. Sechzigmal in der Minute. Sechzig mal sechzig in der Stunde. Sechzigmal vierundzwanzig am Tag. Im Jahr eine Million, dreihundertzehntausendvierhundertmal genarrt, eine Sekunde rasten zu können. Kräfte sammeln und Leben spüren. Aber weiter gemusst. Vorbei, vorbei, was immer dasselbe scheint. Das Leben ein Perpetuum mobile. Hab 's einmal für ein Jahr berechnet und behalten."

„Du bist noch der, den ich kenne. Vermischst Reales mit Fantasie. Ich habe nicht aufgehört, Dich zu lieben. Deine Gedichte gelesen immer wieder. Daran gedacht, über was wir sprachen, als wir uns kennenlernten. Anders' Antiquiertheit des Menschen diskutiert. Uns gefragt, ob wir begriffen haben, um was es damals ging. Und gelernt, was zu Kriegen im 19ten und 20ten Jahrhundert geführt. Vor allem zu den entsetzlichen Naziverbrechen, die sich nie wiederholen dürfen."

So überraschte sie mich immer. Wie Blitzschlag schwüle Luft entspannt und klärt. Beobachte die Masse und lasse kommen, was Wort werden will. Alles Gesehene umgewandelt in sprechende Bilder. Rose soll wissen, ihr Chou ist immer noch derselbe:
    „Männer fliehen vor Frauen, Frauen vor ihren Kindern. Kinder vor Hunden. Hunde vor dem Hundefänger. Hundefänger vor der Polizei. Die Polizei vor deren zornigen Hundebesitzern. Hundebesitzer vor dem Staatsanwalt, sollte ihr Liebling einem Menschen ins Wadenbein gebissen haben. Wadenbeine zum Glück können nicht fliehen. Selbst dann nicht, wenn ihr Besitzer Marathon läuft. Marathon seinerseits ist eine Stadt im antiken Griechenland. Sie ist bereits lange schon geflüchtet. Zerbröselt und nicht mehr zu sehen. Zeit

vergeht und mit ihr alles von Menschen gebaute. Die Stadt Riga, von Deutschen zweimal zerbombt, verwüstet. Wiederaufgebaut, schöner als sie war."

„Eine formale Logik kann ich Dir nicht absprechen. Aber frage Dich, ob Du andere mit solchen Eskapaden mitreißen kannst. Sodass sie gewillt sind, Dir weiter zuzuhören. An der Uni konntest Du es Dir nicht leisten, wie ich mich erinnere. Musstest pragmatisch Fakten, Zusammenhänge und ihre Auswirkungen lehren. Damit Studierende es nachvollziehen konnten.

Mich brauchst Du nicht mehr zu beeindrucken. Ich kenne Dich und sehe Dir an, dass Wortakrobatik Dich glücklich macht. Bist Du glücklich, bin ich es auch. Aber wie Du weißt, sehe ich alles nüchterner als Du. Mag sein, dieser Gegensatz war das Geheimnis unserer Zweisamkeit. Jetzt aber möchte ich gerne wissen: Was suchst Du hier in Riga? Bin nicht der allwissende Gott. Also, sag schon."

„Ich fuhr nach Riga, weil ich wusste, Papa war 1915 Soldat in dieser Stadt. Wollte mehr über ihn erfahren, aus Dokumenten, von noch lebenden Zeitgenossen vielleicht. Nachempfinden, was er gesehen und gefühlt haben könnte. Muss raten, kombinieren, schließen aus seinem Verhalten, das ich kenne. Gefühle hatte er nie geäußert. Du kennst ihn nur vom Foto, den großen Mann mit dem mächtigen Schädel. Er war Dir gleich sympathisch. Hättest ihn gerne kennengelernt. Vielleicht sogar herausgespürt, was mich bis heute umtreibt, den wahren Papa hinter seiner Fassade zu erkennen.

Paul Klee, berühmter Maler und Professor auch an meiner Akademie gab uns ein Motto mit auf den Weg. Hab 's nicht vergessen: «Kunst zeigt nicht, was man sieht, sondern macht sichtbar». Sah mich als Künstler und fähig wie Klee, hinter die Fassaden zu blicken.

Glaubte es zu können beim Schreiben. In meinem Buch «GESICHTER» belegte ich es mit alten Dokumenten und Mutmaßungen zu historischen Figuren. Von Jesus bis Alice Schwarzer.

Nach Deinem Tod wurde ich ein anderer. Alles interessiert mich, regt mich an, regt mich auf. Schreibe ich nicht, fantasiere ich auf dem Klavier oder manipuliere Fotos. Auf Spaziergängen in Weinbergen oder Stadt registriere ich alles, was aus dem Rahmen fällt. Mir regelrecht in die Augen springt: eine seltene Farbe, eine unbekannte Form. Alles, was sich geändert hat, sich bewegt oder zu ruhen scheint wie Schnecken in ihrem Haus. Im Gehirn gespeichert, es irgendwann zu verarbeiten. Aristoteles, der große antike Denker schrieb: «Zuerst nimmt der Mensch die Welt mit seinen Augen wahr» Was soll ich machen, bin halt ein visueller Typ."

Rose sagt nichts, aber beobachtet mich, als ich das Fernglas wieder vor die Augen nehme. Spüre es, ohne sie anzusehen, wie früher. Beobachte den Verkehr auf der Straße und werde beobachtet. Denke laut und artikuliere jedes Wort. Rose soll wissen, was mir hier durch den Kopf geht. An einem Ort, an den wir früher nicht im Entferntesten dachten. Alles ist anders. Rose wiederauferstanden an meiner Seite.

Ich will die Meinung eines Wesens hören, das eher ein Engel ist als meine Frau. Mein zweites Ich vielleicht, über das ich ein Buch geschrieben. Als ich erkannte: alles, was wichtig ist in meinem Leben, speichert das Gehirn. «Wertekanon» nennt es die Wissenschaft. Nenne es mein zweites Ich. Weil Vergangenes von mir abrufbar und gegenwärtig ist. Erlebtes, Geliebtes, Gehasstes, Geglaubtes. Farben, Gerüche. Automarken. Im Gedächtnis behalten, was einmal sinnlich wahrgenommen, Bedeutung für mich hatte.

„Jetzt sehe ich Autos rasen, erkenne Mercedes, BMW und Volkswagen. Da überholt ein Saab die deutsche Konkurrenz. Erinnere das gleiche Modell meiner Marktforscherin. Fußgänger ignorieren Ampeln wie ich, war ich in Eile. Menschen unterwegs von Schnäppchen zu Schnäppchen wie ich. Den letzten Weihnachtsbaum zu erwischen, weil er billiger war.

Nur nichts verpassen, viel zu lange auch meine Devise. Dein Tod, Rose, hat alles verändert. Über Dinge nachgedacht, die mich früher nicht interessierten. Mir vorgenommen, ein besserer Mensch zu werden. Als hättest Du mir die Augen geöffnet, Andersartiges zu akzeptieren. Mit Menschen diskutieren, die eigene Wertvorstellungen hatten. Auch wenn sie meinen nicht entsprachen. Mich gemahnt, dicke Mädchen in knappen Hot-Pants zu tolerieren. Sie werden sich schön darin finden. Auch wenn ich gegenteiliger Meinung war. In hellen

Momenten mich immer mal wieder aufgerappelt und gedacht, du musst lernen, andere gelten zu lassen. Solche Einsichten hielten nicht lange an. Bald war ich wieder, der ich war. Das Böse ist in allen Menschen, auch in mir. Mal unterdrückt, dann wieder präsent in meinen Gedanken. Die mich dann ungerecht oder gleichgültig werden lassen.

Riga ist ein extremes Beispiel für die Macht des Bösen im Menschen. Von Kriegen heimgesuchte Stadt, Opfer von Überfällen durch fremde Mächte. Deutsche eroberten sie zweimal. Zerstörten sie und brachten tausende Menschen um. Als hätte Gott den Menschen erschaffen, damit er andere tötet. Kain erschlug seinen Bruder Abel aus Neid. Signal für alle, die nach ihm kamen. Wie er umzubringen, die ihnen aus irgendeinem Grund nicht passten. Völker mordeten Völker, deren Land zu besiedeln. Deutsche Heere überfielen 1915 das Baltikum auf Befehl des Kaisers. Generalfeldmarschall Graf von Schlieffen im Zweifrontenkrieg ablenken. Millionen Letten, Russen, Franzosen kamen ums Leben.

Keine dreißig Jahre später folgten wieder Deutsche ihrem Führer und verwüsteten ganz Europa. Steckten mehr als sechs Millionen Juden, Kommunisten und Nichtarier in KZs. Erschlugen, erschossen oder vergasten sie. Weltweit starben 55 Millionen Soldaten und Zivilisten. In Kampfhandlungen, Luftangriffen und Säuberungsaktionen der Nazis. Gemordet und Kulturen zerstört. Statt friedlich miteinander zu leben. Sich gegenseitig zu achten und zu kümmern."

„Es muss Dich umtreiben, keine Ruhe lassen, schreib doch

ein Buch über das, was Dich bewegt. Danach wirst Du gelassener sein. Alles muss gesagt werden." Roses Stimme wie immer nüchtern und euphorisch zugleich.

„Zu was Menschen fähig sind, immer schon ein Thema, auch in Büchern. «Die Mao-Bibel – Buch mit Blutspur« von Kai Strittmatter z. B. Wie ich vermute, hast Du noch keines über diese zwiespältige Veranlagung des Menschen geschrieben. Jeder Mensch ist fähig, Gutes und Böses zu tun. Verliert die Kontrolle, bewegt ihn ein starkes Gefühl."

„Ich weiß, ich weiß, auch ich bin von Gefühlen abhängig, die mich drängen, Klavier zu spielen, ein Gedicht zu schreiben. Eine Frau zu lieben. Aber auch dazu verführen, die Unwahrheit zu sagen, nutzt es mir. Selbstgerecht andere Menschen verachten, nur weil sie nicht meiner Vorstellung von Schönheit entsprechen. Ihre Lebensform mir fremd, die Art sich auszudrücken primitiv und mir zutiefst zuwider ist. Ich weiß, ich bin ein Sünder, nicht nur im Sinne der Kirchen.

Wüsste ich nur, wie ich diesen Tatbestand ändern soll. Immer mal wieder versucht, mich am Riemen zu reißen. Bald aber wieder der alte. Denn die Grundzüge meines Charakters habe ich geerbt, Verhaltensweisen im Elternhaus übernommen. Aber nicht gelernt, Gut und Böse im moralischen Sinn zu bewerten. Bestraft für das, was Kirche und Mutti Guste für Sünde hielten. Nie belohnt, wenn ich neben Schulaufgaben jeden Tag Hausarbeit machte. Das Geschirr spülte, den Herd geputzt und den Linoleumteppich auf Hochglanz gebracht. Viel später erst sah ich es differenzierter. Unterschied zwischen Folgen der Erziehung und dem, was ich selber wollte. Doch mit der Zeit musste ich einsehen, dass ich mit Vernunft allein Veranlagung und daraus folgende Spontaneität nicht steuern kann. Vieles ergibt sich aus momentaner Situation oder Laune.

Glück hatte ich im letzten Krieg, keine Juden auf Befehl ermorden zu müssen. Es hätte auch anders sein können. Frage mich jetzt: bin ich so, weil Erbteil und Elternhaus mich dazu gemacht haben? Oder ist ein anderes in mir, das mich zum Egoisten macht? Ich denke zuerst an mich, bevor ich an andere denke. Egoistisch meine sexuelle Lust befriedigt, ohne an die Wünsche meiner ersten Frau zu denken. Meinen Kindern Taschengeld verweigert, weil man es mir entzog. Statt zu erinnern, dass ich es damals als ungerecht empfand. Vielleicht har es sogar meinen Charakter beeinflusst. Muss ich so sein, weil mein Vater so war? Und dessen Vater und Urgroßvater so waren? Keine Chance, ein besserer Mensch zu werden? Das Böse in mir auszurotten für alle Zeiten?"

Ohne es zu wollen rede ich mir wie als Kind bei der Beichte die Sünden von der Seele: „Erinnere Marga, die sich selbst tötete, als sie merkte, dass ich mich für andere Frauen interessierte. Ulrike, meine jüngste Tochter, verließ das Elternhaus. Erst nach 16 Jahren kam wieder, als ich sie und ihr Weltbild akzeptierte. Rose, Deinen viel zu frühen Tod musste ich akzeptieren. Getrauert und nächtelang in Dein Kopfkissen geweint. Aber erst viel später mich gefragt: habe ich alles getan, Dich mit Worten getröstet statt mit Leckereien? Als liebender

Mann ahnen müssen, was Dir durch den Kopf ging. Als Dir klar wurde, bald werde ich sterben und nicht mehr sein. Aber ich schwieg und dachte: es kann nicht sein, was nicht sein darf. Verzeih mir, dass ich auch damals nur an mich gedacht.

Mit Deiner Feststellung über den Charakter des Menschen hast Du mir endlich die Augen geöffnet. Bewusst gemacht, was ich ohnehin wusste, aber nicht sehen wollte: der Mensch ist gut und böse. Wie die Natur regnen lässt, damit es wächst. Gefrieren, sodass alles Leben stirbt. Gott scheint die gleiche Logik angewendet zu haben, als er Erde und Menschen erschuf. Alles hat zwei Seiten: Licht und Schatten, Leben und Tod, Liebe und Hass. Krieg und Frieden."

„Du hast Dir immer mal wieder vorgenommen, ein besserer Mensch zu werden. So auch heute. Erwarte aber nicht zu viel, wer alles will, verliert. Lebe wie Du es gewohnt bist, achte aber auf das, was Du denkst, bevor Du handelst. Übe Toleranz gegenüber Menschen und Sachen. Bleibe wachsam in der Zeit, die Dir noch bleibt. Informiere Dich aus mehreren Quellen als bisher. Bleibe kritisch gegenüber den Medien, so verführerisch digitale Möglichkeiten auch sind. Erinnere Dich an unsere Reise nach Kairo. Dort ermordeten kurz vor unserer Ankunft Muslime Anwar al Sadat, den Präsidenten Ägyptens. Die Zeitung «al Ahram» titelte: Ein Wahnsinniger erschoss den Präsidenten. Im Hotel erfuhren wir die Wahrheit: radikale Dschihadisten erschossen ihn. Empört über seine Friedensgespräche mit dem Todfeind Israel.

Immer noch siehst Du Krieg, in Syrien und im Jemen. Im

afrikanischen Ruanda. In allen Gegenden der Welt gewaltsame Auseinandersetzungen. In Stadtteilen mit Flüchtlingen, sogar in Familien. Muss das sein, fragt mancher sich? Es ist angelegt im jedem Menschen, seit dem Sündenfall. Nicht wie die Kirche lehrt, als Eva den Apfel aß entgegen Gottes Verbot. Der wirkliche Sündenfall passierte, als Kain seinen Bruder Abel hinterrücks erschlug. Mit Folgen bis heute.

Es mag ja sein, ich kann es aus größerer Distanz deutlicher erkennen als Ihr. Das Schlimmste zurzeit: Feindbilder bestimmen Denken und Handeln in Politik und Gesellschaft. Angestachelt von Populisten jeglicher Couleur. Israel und Palästina das klassische Beispiel."

„Auch mich ärgern Berichterstattungen über die AfD in den Medien, die Diskussionen im Parlament. Ihre Aussagen kann man mit stichhaltigen Argumenten entzaubern. Statt sie für undemokratisches Verhalten zu beschimpfen. Koalitionen mit ihr aus angeblich demokratischen Gründen verweigern. Man hat vergessen, dass auch die AfD demokratisch gewählt wurde. Die Weigerung von CDU und SPD ignoriert also gleichzeitig die Wähler der AfD. Diskreditiert sie als willenlose Manipuliermasse.

Sie sollten den Menschen im Land zuhören statt sich mit Abgeordneten anlegen. Nicht an Parlamentssitz denken und gesicherte Pension. AfD-Wähler haben Gründe für ihre Wahl. Enttäuscht von einer Politik, die nur sich selber ernst nimmt. Den Raubbau von Ländereien, Fabriken und Immobilien durch westdeutsche Kapitalisten nach 1990 nicht vergessen.

Ebenso wenig die Stasi. Die Tätigkeit der Treuhand als Unrecht empfunden. Firmen privatisiert oder aufgelöst und Millionen arbeitslos."

„Bevor ich Dir darauf antworte, möchte ich zuerst Dein schlechtes Gewissen beruhigen, was mich betrifft: natürlich hatte ich große Angst vor dem Tod, dem Nichtmehrsein. Nur mit mir beschäftigt und meiner Not. Schmerzen hatte ich keine. Mich aber gefragt, was ist danach? Gibt es einen Gott? Wird er mich zur Rechenschaft ziehen? Noch so gut gemeinte Worte des Trostes wären bei mir nicht angekommen. Jeder stirbt für sich allein.

Nun zum Krieg in Israel und Palästina. Fast alle Staaten haben Israel anerkannt. Die USA unterstützen sie finanziell und militärisch. Gegen den Iran, heißt es. In Wahrheit aber ermöglicht es der Regierung in Jerusalem, zur größten Atommacht in der Region zu werden. Krieg gegen Palästinenser zu führen. Sie aus Häusern, ihrem Land vertreiben, das seit 600 Jahren ihre Heimat ist. Israelis auf deren Gelände eigene Siedlungen bauen lassen. Palästinenser in Massenlager gesteckt, wo sie mehr vegetieren als leben. Ultraorthodoxe Juden, eine einflussreiche Lobby, begründen es mit dem Versprechen ihres Gottes Jahwe, alle Juden werden heimkehren ins gelobte Land."

„Es wird Dich überraschen, plane gerade, ein Buch über den Krieg in Palästina zu schreiben. Auch wenn man mich in sozialen Netzwerken als Verräter beschimpfen wird. Weil ich

Palästinenser als Opfer, Israelis als Täter beschreibe. Wie Nirit Sommerfeld, in Israel verfemte Jüdin, die im deutschen Exil dafür kämpft, den Palästinensern Gerechtigkeit widerfahren zu lassen. Protestierte gestern erst über Round-Mails, als Israelis an allen Ausfallstraßen Riesenplakate geklebt hatten. Mit Zustimmung höchster politischer Kreise. Im Bild Palästinenserpräsident Abbas und Hamas-Führer Hamiyeh mit verbundenen Augen. Darüber der Text: «Frieden macht man nur mit besiegten Feinden».

Israels Regierung will den Krieg. Als ob Kompromisse verhandeln nicht die bessere Alternative wäre. Juden und Palästinenser, beide Nachfahren Abrahams, bringen sich um. Ein regelrechter Bruderkrieg also. Schon länger gärt es und will geschrieben werden. Sehe und lese ich, was in Palästina geschieht. Nicht erst seit heute. Ich werde das Buch «Auge um Auge» nennen.“

„Einverstanden, Chou. Ein Bibelwort, das aber hinterfragt werden muss. Denke daran, wenn Du es beschreibst. «Auge um Auge», «Zahn um Zahn» sind, wie viele meinen, keine Handlungsempfehlung. Verkürzt auf das, was vielen zupass kommt. Meist fehlt, was Gott den Israeliten empfahl: «Vergeltet nicht Auge um Auge, nicht Zahn um Zahn, sondern verzeiht denen, die euch Übles angetan» Das Wort «nicht» absichtlich weglassen. Es wird Zeit, den vollen Wortlaut auf Kanzeln, Parlamenten und Marktplätzen zu verkünden.

Nun zu Dir: seit wann interessieren Dich Abgründe des menschlichen Charakters? Als ich noch mit Dir zusammen lebte, merkte ich nichts davon. Die ganze Welt schien verliebt zu sein. Professor Bormann in Amsterdam fällt mir ein. Er meinte damals, Du seist ein Romantiker."

„Ich weiß, es hatte mich damals tief getroffen. Zu Versuchen animiert, die Gegenwart nüchtern zu sehen und in Versform zu beschreiben. Zufrieden war ich nicht mit den Resultaten. Poesie schien mir nicht das geeignete Mittel zu sein. Ein letztes Gedicht geschrieben, als Du todkrank in der Klinik lagst:

> *Die Tage sind dunkel wie nie*
> *lass es genug sein, Herr*
> *schicke deinen hellsten Engel*
> *an Weihnacht wäre schön.*

Ein Jahr nachdem Du mich verließest, drängte es mich, aufzuschreiben, was mich aufgewühlt. Deinen Tod wollte ich nicht wahrhaben. Beschrieb alles, was mich an Dich erinnerte. «Rose lebt», der Titel meines ersten Buches. In Form eines Tagebuches geschrieben. Einen Verlag gefunden, der es druckte und verlegte. Im Hochgefühl dieses Erfolgs als Autor begonnen, Romane zu schreiben, zu erzählen, bewerten, kritisieren. Personen der Geschichte, Kaiser, Künstler, Politiker, Männer und Frauen. Zwangsläufig auch mich als Menschen. «Ich bin nicht, der ich bin».

Jedes Mal, wenn ich einen unverbesserlichen Charakter schilderte, fragte ich mich, kann ich meinen Charakter ändern? Positiv oder negativ Einfluss nehmen? Weiß nur zu gut von mir, dass es meist beim guten Willen bleibt. Im Grundsatz aber nicht möglich ist. Erbmasse ausgeliefert, Herkunft, Erziehung und Vorbild im Elternhaus. Und alles, was Mode war und ist. Im Gehirn implantiert der Zeiten Geist. Neben dem Elternhaus haben mich Hitlerjugend, Krieg und Religion werden lassen, der ich heute bin. Aber auch hin und wieder den Wunsch geweckt, ein anderer zu sein, der es besser machen will. Ein besserer Ehemann, Vater und Vorgesetzter. Ob es mir zeitweilig gelungen ist, musst Du die anderen fragen. Ich weiß es nicht.

Wollte ich mich beschreiben, bin ich sowohl nach außen wie nach innen gewendet. Will heißen, ich zieh mich gerne zurück, um allein zu sein. Schreibe, lese oder höre Musik. Experimentiere im PC neue Varianten der Verwandlung. Ebenso gern spaziere ich in Gottes freier Natur. Freue mich über alles, was ich mit meinen Sinnen wahrnehme. Sehe, höre, rieche, mit meinen Händen berühre. Gedanken kommen ganz von alleine. Dann bin ich Solist in meinem Kosmos und Wichtiges unterscheidet sich wie von selbst von Unwichtigem.

Mir wird klar, was gesagt oder geschrieben werden muss. Was ich alles über einen Sachverhalt, eine Person, ein Schicksal herausfinden und wo ich recherchieren kann. Ein Titel fällt mir ein. Erste Sätze im Kopf. Sitze ich am PC, schreibt es automatisch. Nicht ich schreibe, sondern es schreibt. Angetrieben von wer weiß was: Begabung, Sehnsucht nach Vollendung. Allein bin ich, wenn ich schreibe und doch mit allem verbunden. Es bleibt mir nur noch zum Schluss, Sachverhalte zu überprüfen, die Grammatik.

Nicht nur treibt es mich, der Beste zu sein, auch Einmaliges zu erleben. Die Kathedrale in Vézelay besucht, um Bachs Toccata in D-Moll auf der Orgel zu hören. So klangrein wie in keinem Konzertsaal, äußerte in einem Interview der weltbeste Cellist Mstlaw Rostropowitsch. In Lavendelfelder eingetaucht bei Sénanque, den Duft in der Nase mit nachhause zu nehmen. Hummer in Vanillesoße gegessen in dem Café in Arles, das Van Gogh 1888 gemalt. Im Dom von Ravello die byzantinische Kanzel bewundert. Ein marmorweißes Kunstwerk. Auf vier mit Mosaiken geschmückten Säulen, die auf dem Rücken vier grinsender Löwen stehen. Den Spuren der Mauren gefolgt in Granada, ihre Wasserkünste bestaunt. Hoch oben im Eifelturm geträumt, Edith Piaf zu treffen, die berühmte Chansonnette. Es muss das Beste sein, ein Hemd des japanischen Mode-Designers Shisake gekauft. Zehnmal so teuer wie ein normales. Mein Haus umgebaut zum Gasthaus für alle, die einen unvergesslichen Abend erleben wollten. In Wasserburg den Friedhof am Bodensee gesehen und gewünscht: hier will ich beerdigt werden. Wellen gegen die Mauer unter mir unausgesetzt schlagen hören wie den Herzschlag eines Lebenden. Alles musste anders, größer und schöner sein. Ich weiß nicht, von wem ich diese Ambitionen geerbt, wem abgeguckt habe. Es ist so wie es ist. Basta."

„Ich erinnere mich gut, mein lieber Chou, an die vielen gemeinsamen Reisen. Dankbar, dass Du mich in Deine Welt eingeführt, mir die Augen geöffnet hast. Für schöne Kunst und ihre Regeln. Spannung und Ausgewogenheit am Beispiel der David-Statue von Michelangelo erklärt. Die Ohren geöffnet für Bach, Mozart und Monteverdi. Ohren, die bisher Elvis für den besten Sänger aller Zeiten hielten. Andererseits bin ich nicht blind für Realitäten. Erkannte schneller als Du, Wunsch und Wirklichkeit zu unterscheiden. Konnte Dich aber nicht zurückzupfeifen, warst Du einmal in Fahrt. Und zu meiner großen Überraschung bei mir das Gegenteil erreicht. Bald schon hatte mich Dein Optimismus angesteckt. Entdeckt, auch ich spüre Sehnsucht nach Höherem, Unbegreiflichem. Genoss es regelrecht, mit Dir die Wunder dieser Welt mit Deinen Augen zu sehen und mich bereichert zu fühlen.

Pharao-Tempel in Ägypten, die vor 30.000 Jahren ausgemalte Höhle von Lascaux, Wassermühlen an der Dordogne. Bouillabaisse an der Côte d´Azur genossen, Choucrout Royal bei Chez Fritz in Colmar. Die Orgel in Amorbach gehört, die Kunstmesse in Köln regelmäßig besucht und eine katalanische Madonna gekauft, wäre sie nicht zu teuer gewesen. Nicht zuletzt die Festmahle in unserem Haus für zwanzig und mehr Gäste. Mit musikalischen Einlagen und munterem Diskurs über aktuelle politische und gesellschaftliche Themen."

„Auch Du hast mich verändert, Rose. Überzeugt, Menschen höher zu bewerten als Sachen. Mein Denken und Handeln beeinflusst, erfahren in langjähriger Praxis als Psychotherapeutin. Mit praktischen Hinweisen meist, die sich aus einer Situation ergaben. Mit der Zeit bildete ich mir ein, durch Dich toleranter geworden zu sein, aufmerksamer, verständnisvoller.

Von Dir gelernt, dass dieses Verhalten das Fundament einer Gesellschaft ist.

Aber ich habe ein Problem. Nach wie vor fühle ich mich als Individuum, nicht als Teil einer Gesellschaft. Mögen Soziologen sie auch differenziert beschreiben. In meinen Augen ist Gesellschaft nichts anderes als Masse. Von Verwandten und Freunden abgesehen. Am liebsten würde ich auch den Zwängen der Veranlagung entrinnen. Aber feststellen müssen, ich schaffe es nicht. Gene, Milieu, Erziehungsmethode im Elternhaus, Kirche, Nazizeit und der Krieg haben mich geprägt. Sind Teile von mir wie Körperzellen, Blut und die Funktion der Organe. Einen Charakter, den Du liebtest trotz seiner Unzulänglichkeiten.

Einerseits will ich der Künstler sein, um dessen Bilder man sich reißt. Andererseits einer, der es für besser hält, sein Ego zurückzunehmen. Zugeständnisse macht, um generös zu wirken. Selbstbewusst geworden, nachdem ich immer mehr Aufträge schon nach dem ersten Gespräch bekam. Erinnere an mein erstes Ölgemälde. Die hübsche vierzehnjährige Tochter eines Kunden reizte mich, ein Portrait von ihr zu malen. Es gelang mir, ihn zu überzeugen. Er zahlte mir 1500 D-Mark Honorar. Für einen Hersteller von Gabelstaplern arbeitete ich drei Monate umsonst, weil er neu auf dem Markt und der Chef mir sympathisch war. Besuchte Galerien und Museen, um Inhaber oder Kuratoren zu überzeugen, dass meine manipulierten Fotos ihnen neue Käufer brächten. Einem Galeristen gestand ich zu, dass er nur Bilder ausstellt, auf denen Kreidespuren rieseln und Farben klumpen. Meine Fotos mit glatter Oberfläche seien attraktiv, aber Produkte einer Technik und deshalb keine echte Kunst.

Bei meinen Büchern nicht anders. Besuche namhafte Buchhandlungen nach Vorankündigung. Es ginge um ganz was Neues, Andersartiges, das sich gut verkaufen ließe. Öfter konnte ich Bücher da lassen, auch verkaufen. Aber zu Nachauflagen führte es nicht. Bei nicht wenigen Gesprächen machte ich Buchhändlern Zugeständnisse. Um in guter Erinnerung zu bleiben. Vielleicht doch noch mit einem neuen Buch zu einer Lesung eingeladen zu werden.

So also bin in zweigespalten: Einerseits überzeugt, einer der Besten zu sein. Ehrgeizig, aggressiv, in der Lage mich durchzusetzen. Andererseits verstehe ich andere Meinungen und Entscheidungen, auch wenn sie zu meinem Nachteil ausfallen. Diese Diskrepanz ist existentiell für mich. Diskrepanzen bei sogenannten Kunstexperten über das Lächeln Mona Lisas entlocken mir ein müdes Lächeln. Einer meint, sie wolle ihre Zahnlücke nicht zeigen. Ein anderer, Fascialis habe ihre Mimik gelähmt. Leonardo da Vinci hat sie ganz einfach lächeln lassen, schelmisch zugegeben. Wäre mein Leben so einfach zu bewerten wie dieses Gemälde, hätte ich keine Probleme."

„Du bist der Sohn Deines Vaters, aber auch Deiner Mutter. Beider Charaktere haben Deinen beeinflusst. Mir scheint nach allem, was ich jetzt weiß, Du hast mehr von Deiner Mutter geerbt. Du bist zwar auf Dich selbst bezogen und gerne allein, aber Deine Kreativität produktiv wie bei anderen Künstlern, die ich kannte. Pici z. B. italienischer Maler, von dem ich drei Bilder gekauft, die Du kennst. Beuys, den wir beide kennen."

„Du hast Recht. Wie konnte ich bloß meine Mama vergessen. Vielleicht vererbte sie mir den zur Versöhnung neigenden Teil meines Charakters. Den Wunsch, auszugleichen, was konträr ist. Auch Mamas musikalisches Talent, ihre positive Einstellung zum Leben haben meinen Charakter beeinflusst. Mehr als die Gene meines Papas. Erinnere die Kindheit, ihr Gesicht über mir. Ein Gesicht, das immer zu lächeln schien, nahe an meinem. Ihre Stimme klang beruhigend und ermunternd, nie aufgeregt. Sie muss mich sehr geliebt haben. Rutschte mir ein Küttelchen aufs frisch bezogene Bettlaken, überging sie es großzügig.

Mama habe ich im Gefühl, nicht im Kopf. Den Klang ihrer Geige im Ohr. Sie starb, als ich Sechs war. Ganz sicher habe ich ihren Optimismus geerbt, meine Sicht auf die Welt. Die Liebe zu allem, was klingt und Menschen bewegt. Beweisen kann ich es nicht. Aber dieses permanent kreativ sein in vielen Bereichen kann nur von Mama kommen. Auch wenn ich es nicht beweisen kann, wünsche ich es mir von ganzem Herzen.

Von Papa weiß ich nur, dass er gut zeichnen konnte. Mir hätte er es beibringen können. Nichts dergleichen passierte. Obwohl ich ihn einmal fragte. „Frag deinen Zeichenlehrer" seine Antwort. Schwieg mehr als er redete, als beschäftigten ihn andere Gedanken, an Elli, seine erste Frau vielleicht. An seine Zeit in Riga. Zeigte er ein grimmiges Gesicht, wussten wir, jetzt muss er uns bestrafen. Im Auftrag von Mutti Guste ohrfeigen oder den Hintern versohlen.

Relativ ausgelassen war er, besuchten uns jüngere Tanten. Mit ihnen und deren Ehemännern muss er Spaß gehabt haben. Sie lachten und kicherten am laufenden Band. Ob Papa verbotene Witze erzählte oder ein anderer, ich weiß es nicht. In Gegenwart von Frau und Kindern erzählte er schon mal einen der harmlosen von Tünnes und Schäl. Verstand nicht, was es da zu lachen gab."

„Natürlich sind es Annahmen, Vermutungen, die Du aus Erinnerungen ableitest. Einer Zeit, die Jahrzehnte zurück liegt. Hattest Du schon über Deine Mutter nachgedacht, als Du Dich mit deinem Vater beschäftigtest – oder erst jetzt? Mehr aber interessiert mich, welche Schlüsse Du aus Deinen Annahmen ziehst. Möchte wissen, ob Du immer noch der Optimist bist, den ich kenne."

„Schon komisch, was mir hier im Bahnhof von Riga für Gedanken kommen. Mehr über mein Verhältnis zu Papa nachgedacht als je zuvor. Bald schon auch über Mama. In all den Jahren vorher war ich zu sehr mit mir selbst beschäftigt. Erst kurz vor meiner Reise durch ein Foto des Zwillingsbruders meines Vaters erfahren, dass beide zusammen 1915 als Soldaten in Riga waren. Beschlossen, in dieser Stadt nach Papas Spuren zu suchen.

Ein Glück, das Du jetzt bei mir bist, meine diffusen Gedanken zu ordnen. Du hast Recht, ich will aus dieser Beschäftigung mit den Eltern Konsequenzen für mich ziehen. Versuchen, die ein oder andere schlechte Angewohnheit abzulegen. Nicht nur an mich denken. Die Gefühle anderer wenigstens respektieren. Auch wenn ich sie nicht erwidern kann. Vor allem Papa gerecht werden. Den ich nur als großen Mann mit Glatze erinnere. Einen, der gerne allein war und kaum eine eigene Meinung geäußert. Könnte ja sein, er hat alles mit sich abgemacht. Sehnsucht nach Liebe und ein Leben lang getrauert über den frühen Tod seiner ersten Frau."

„Deine Annahme über das Verhalten Deines Vaters könnte stimmen. Obwohl ich ihn nicht kannte. Sicher aber ist, dass ich für Dich der Anlass war, kreativer zu sein als zuvor. So wie Du mich angeregt. Jedes Menschen Denken und Handeln beeinflusst andere. Auch das keine Folge von Erkenntnissen, sondern meist eine von Sentimentalitäten. Bleibe, der Du bist und ändere, von dem Du meinst, es müsse sein. Z. B. lasse andere Meinungen gelten. Sie könnten Dich doch anregen, über Parlamente zu forschen, sogar ein Buch zu schreiben. Du weißt doch selber, nur aus Spannungen entsteht Kunst."

„Deinem Ratschlag, gelassener zu werden will ich gerne folgen. Mein Verhalten gegenüber anderen ändern. Jeden Montag das Wort «Toleranz» in den Kalender schreiben, um nicht zu vergessen, was ich mir vorgenommen habe. Aber dass aus Spannungen Kunst entsteht, ist nicht neu für mich. Du weißt doch, dass ich immer schon Gegensätze liebe. Sie reizen mich herauszufinden, ob sie vereinbar oder Annäherungen möglich sind. Um sie in einem Buch zu thematisieren. Immer schon treibt es mich wie die Unruhe die Zeiger einer Uhr bewegt, sich weiter zu drehen. Die Stunden zu vollenden. Du hattest diese Unruhe als erste in mir angestoßen. Am ersten Tag schon, als wir uns kennenlernten. Sodass ich nur noch vorwärts wollte. Zu entdecken, was immer es ist. Es könnte doch Wundervolles sein. Außerordentliches, das noch niemand künstlerisch umgewandelt hat. Mir bleibt nichts anderes als weiter zu suchen. Schon in der Bibel steht: «Bittet, und es wird euch gegeben, Suchet, und ihr werdet finden». Könnte doch heißen: wer zugibt, er suche den Weg, wird nicht falsch verstanden. Wer um Liebe bittet, von dem weiß man, er braucht sie dringend."

„Schon mehrmals überraschtest Du mich mit Bibel-Zitaten. Auch jetzt wieder. Sie müssen Dich nachhaltig geprägt haben. Oder magst Du sie wegen ihrer Bildsprache?"

„Im Kinderzimmer hing ein Wechselrahmen an der Wand mit einem Bibel-Spruch. Mutti las uns vor dem Gottesdienst den aktuellen vor und versuchte ihn uns zu erklären. Mit Zwölf interessierte mich Winnetou mehr, weil er ein Held war, der für Frieden und Gerechtigkeit kämpfte. Fünf Jahre später interessierten mich Bibelsprüche überhaupt nicht mehr. Weil sie die Welt nur aus religiöser Sicht beschreiben. Nur wenige behalten, wenn ich der Meinung war, sie treffen den Nagel auf den Kopf. Suchen und finden zum Beispiel. Erkannte, dass Finden und Liebe schenken glücklich machen, nachdem ich Dich kennenlernte. Du brachtest mir bei, auszusprechen statt verschweigen, wie ich es von zuhause gewohnt war. Gezielt zu suchen, um zu finden. Zu bitten, um was es auch war.

Ein aktuelles Beispiel: Vor wenigen Monaten suchte ich Stoff für einen Roman, in dem ich das Schicksal von Menschen beschreiben wollte, die von der Gesellschaft verachtet, ja diskriminiert werden. Der Holocaust schon oft in Filmen und Büchern beschrieben. Vorträge gehört und Interviews mit Überlebenden. Entdeckte bei meinen Recherchen im Internet das Gesicht eines Zigeuners. Es ließ mich nicht mehr los. Verfolgte mich Tag und Nacht. Stellte ein Foto auf meinen Schreibtisch, um diesen ersten Eindruck zu vertiefen. Beschloss, die Geschichte dieses Volkes zu studieren, um ein Buch zu schreiben. Mit dem Titel: «Weil wir anders sind».

2006 ein Seniorenstift gesucht, nahe der Grenze zu Frankreich, das unseren Ansprüchen genügte. In Freiburg das «Augustinum» gefunden und am 04. Mai 2007 eingezogen. Die Umstellung von 200 m2 auf 70 m2 gelang uns. Doch um uns herum nur alte Leute, mit Rollator oder Stöcken. Demente im Rollstuhl gefahren. Als Du tot warst, ergab sich das Thema für ein Buch von selbst: «Alt wie Methusalem?». In dem ich den Umgang der Menschen mit Sterben und Tod beschreibe. Mit Beispielen und Bildern der letzten tausend Jahre belegt. Immer schon wollten Menschen gesund bleiben, ihr Leben verlängern. Kaufen in Apotheken, was helfen soll. Vielleicht kennst Du die Idee vom «Jungbrunnen». Im Mittelalter verbreiteter Glaube: Alte Menschen, die darin baden, werden wieder jung. Hans Sachs, ein damaliger Poet, karikierte diesen Glauben in seinem Gedicht: «Junkbrunn»."

„Schade, dass ich damals kein Wörtchen mitreden konnte. Ganz sicher Dir so lange zugeredet, bis Du Hans Sachsens Gedicht für die Menschen von heute umgeschrieben hättest. Internet-User inklusive."

„Danke für die Anregung. Du weißt, dass es mich drängt, bis ich finde. Auch die neuen Medien nutze. Es ist und bleibt meine Natur zu suchen, um zu finden. Von Lust, Neugier oder Ehrgeiz angetrieben. Verwandle Fotos in Gemälde oder Holzschnitte, erfinde Kochrezepte. Spiele Bela Bartok auf dem Klavier fast so perfekt wie ein Profi, bilde ich mir ein. Schreibe über ein Thema, das ich im Internationalen Frühschoppen sah, in der NZZ las. Im Restaurant mit Tischnachbarn diskutierte. Gelingt mir ein Buch, bin ich glücklich. Gleich ob Talent, ein Gott oder andere Kräfte den letzten Impuls dazu gegeben haben.

Dann wieder unglücklich, weil mir nicht der passende Anfang einfällt. Das Ende offen jedes Mal. Schlimm die Zeit zwischen anfangen und beenden. Öfter als einmal ein komplettes Manuskript im Papierkorb gelandet. Ich weiß nicht, ob es besser ist, zu planen wie ein Architekt, der ich einmal war. Versuche, den nächsten Roman zu planen, eine Kurzgeschichte. Aber einmal angefangen schreibt es, schreibt planlos ohne Drehbuch. Begeistert von gelungenen Sentenzen, die mich weiter treiben. Schreiben ist Leidenschaft. Alles andere nebensächlich. Es schreibt, nicht ich schreibe. Unruhig stets, neue Themen zu suchen, zu finden. Meine Meinung zum derzeitigen Mainstream gebildet. Und in einem Buch formuliert: «Erst kommt die Mode – dann die Moral».

Erfolgreich ja, dann wieder nicht. Augenblicke der Selbsterkenntnis negiert oder zum Teufel geschickt. Dann wieder besessen, der Beste zu sein, um einen Literaturpreis zu bekommen. Niedergeschlagen, finde ich nicht sofort das passende Wort. Alles will ich sofort, am liebsten heute noch, spätestens morgen. Auch schlechte Gewohnheiten ablegen, ein besserer Mensch zu sein, um geliebt und geachtet zu werden. Alles aber hat seine Zeit. Mal bin ich des Menschen Freund, mal sein Feind, bedrängt er mich in einer übervollen Tram. Verstehe die Forderungen von Frauen nach gleichem Lohn. Protestieren sie mit Schildern und lautem Geschrei, könnte ich davonlaufen. Divergenzen jeder Art miteinander zu versöhnen gelingt mir nicht. Ausgeliefert meiner Sehnsucht nach Harmonie. Und allem Widersprüchlichen in Gesellschaft und Politik.“

„Ich habe Dich ausreden lassen. Bist ganz schön zur Sache gekommen. Irritiert, wie ich Dich ein einziges Mal in «Valsansibio» erlebte. Einem ehemaligen Schloss mit Park und einem Labyrinth aus Buchsbaumhecken, in dem sich früher Grafentöchter vergnügten. Bei unserem Besuch 2003 schlug uns Traute, meine fast hundertjährige Tante ein Schnippchen. Ging nicht mit uns, sondern stellte sich gleich an den Ausgang. Grinste und wienerte, als wir nach langer Odyssee herausfanden: „I kenn des aus Wean, Eingehn ist Ausgehn.“

Es war nicht leicht, aus diesem Labyrinth aus Buchsbaumhecken herauszufinden. Ständig den herbsüßen Duft in der
Nase. Als wir erschöpft nach zwanzig Minuten linksrum,
rechtsrum, vor, zurück und wieder vor endlich den Ausgang
sahen. Deine Blicke noch verwirrt von Angst und Ausweglo-
sigkeit nicht mehr rauszukommen. Von engen, übermanns-
hohen Kerkermauern ringsum eingeschlossen."

„Ja, ich erinnere mich, es war ein schlechtes Gefühl in «Valsansibio». Hier im Bahnhof von Riga geht es mir ähnlich. Sehe mich von Menschen ringsum eingeschlossen. Undurch-
dringliche Masse, die sich vorwärts schiebt. Der Geruch von
Gleis, Schotter, Schweiß und Zigaretten penetrant. Mir
scheint, alles ist auf der Flucht. Und bleibt doch Teil dieser
klebrigen Masse. Wäre ich ein Spatz, flöge ich aufs Bahnhofs-
dach.

Aber die Schwerkraft meines Körpers zwingt mich, auf
dieser Bank stehen zu bleiben. Oder ist es falscher Stolz, mich
vierzig Zentimeter über die Köpfe anderer zu erheben? Die
Stellung zu halten statt mich zum Ausgang treiben zu lassen.
Stiege ich ab, könnte mich die Masse niedertrampeln.

Der Tag neigt sich bereits dem Abend zu. Sonne singt
ihren Abgesang, verschwindet hinter einer Wolke. Wird sie,
wie gewohnt, morgen früh wiederkommen? Oder weg sein
für alle Zeit. Weg wie die Jahre, die kommen und gehen. Wissen, das ich mir aneigne, immer wieder verdrängt von neuen
Erkenntnissen."

„Ich verstehe Dich Chou, Deine Gefühle in dieser unge-
wohnten Situation. Mach Dir aber klar, Du hast Dich selbst in
sie versetzt. Verliebt in Bilder Deiner Fantasie und sogleich
total verheddert. Kannst deshalb nicht frei sein und tun, was
jetzt wichtig ist. Du brauchst es nur zu wollen, nicht träumen.
Herabsteigen und nicht weiter grübeln, Fragen stellen, die
längst beantwortet sind. Hast lange genug über die Beziehung
zu Deinem Vater, über Dich selbst nachgedacht. Deine Mutter, wie ich jetzt weiß. Es muss ein besonderes Verhältnis gewesen sein. Eigenartig im wörtlichen Sinn. War Dein Vater
nicht der, den Du brauchtest? Oder glaubtest, brauchen zu
müssen? Vermisstest Du Liebe, Umarmungen und Verständnis? Rettest Dich in die Vorstellung, mit Deiner Mutter eng
verbunden zu sein. Ob es so war, ist nicht zu beweisen. Sag
mir, was genau hat Dich bewogen, nach Riga zu reisen?"

„Ich habe die Reise nach Riga unternommen, weil ich wusste,
Papa war im Krieg 1914-1918 als Soldat in dieser Stadt. Hoffte, mehr über ihn herauszufinden als ich wusste. Nur geraten,
aus Bemerkungen und Gesten mir zusammengereimt. Wollte
wissen, was hinter dem äußeren Bild eines großen Mannes
steckte. Was er dachte, liebte. Er hatte alles hinter Floskeln
versteckt, die nichts verrieten. Selbst wenn er lauthals lachte,
klang es wie Hundegebell: bleibt mir vom Leibe! Was wollte
er verteidigen? Was nicht erkennen lassen? Sind es charakter-
liche Schwächen? Ein moralischer Fehltritt? Angst, zu verra-
ten, was er in Riga getan haben könnte. Alles, einfach alles
wollte ich wissen.

Auch Deine Bemerkungen bestätigten mir, ich bin nicht viel anders als Papa. Einzelgänger und Egoist. Muss wohl oder übel zugeben, mich nicht wirklich geändert zu haben. Auch wenn ich mit Dir gemeinsam lernte, vieles anders zu bewerten. Fühlte mit Dir und folgte Deinen Intentionen. Nach Deinem Tod hatte ich kein Korrektiv mehr. Nach einem Trauerjahr wieder auf mich konzentriert und das, zu was es mich motivierte. Auf 1289 Seiten unser gemeinsames Leben beschrieben. Mit allen Details und traurigen Gedanken. Daraus hat ein Verlag mein erstes Buch gemacht. «Rose lebt» auch wenn sie tot ist. Solche und andere Phantasmagorien müssen in mir tief innen verankert sein, Teil meiner Veranlagung, den ich nicht ändern kann und will.

Das Schlimmste nach Deinem Tod: ich hatte keinen Gesprächspartner mehr. Muss mir selber Antwort geben. Auf Fragen, die sich aus allem ergeben, was Gesellschaft und Politik betrifft. Vor allem die eigene Unsicherheit in Existenzfragen. Wer bin ich wirklich? Versuche, eine Antwort zu finden. Verhalte ich mich richtig oder nicht? Mag sein, dass es Leser enttäuscht, wenn ich solch persönliche Themen in meinen Büchern anspreche. Weil sie erleben wollen, was passiert, gespannt auf ein gutes Ende. Und nicht gezwungen, mit mir nachzudenken über Sinn oder Unsinn von Worten und Taten.

Ebenso wenig kann ich ein Bedürfnis loswerden, das mich treibt, Dur und Moll auf den Tasten des Klaviers auszubalancieren. Farben, Formen, Kollagen auf Leinwand oder Papier. Worte Gedichte werden lassen, Schicksale Erzählungen und

Romane. Ausgefallene Rezepte, um meinen Gästen das Gefühl zu geben, bei einem Meister zu speisen. Wenn andere mich lobten, trieb es mich, mehr zu erreichen. Einmaliges zu schaffen und berühmt werden. Hatte ich es geschafft, ließ der Druck nach, aber nur bis zum nächsten Impuls.

Es wird schon so sein, dass die Jahre im Elternhaus den entscheidenden Einfluss auf meinen Charakter genommen haben. Mit all dem, was ich nicht bewusst gesehen, gehört und erfahren. Zu dem gemacht, der ich bin. Ohne es zu wollen. Bis Du plötzlich vom Himmel zu mir auf diese Bank gesprungen. Mich wie früher dazu gebracht, über alles nochmal nachzudenken. Mich selbst und meine Beziehung zu Papa und Mama."

„Deine Erklärungen muss ich relativieren. Besser genauer definieren: wie immer Du Deinen Vater schilderst, hast Du aus Deiner Perspektive als Kind wahrgenommen. Von sechs Jahren bis zum achtzehnten Lebensjahr. Gefühle bestimmten Dein Denken, nicht Wissen und Erfahrung. Jetzt versuchst Du, Dich in ihn hineinzuversetzen, und das ist gut so.

Deine Mama kanntest Du zu wenig, weil sie viel zu früh starb. Aber Du hast Dir ein Bild gemacht von beiden im Nachhinein. Ausgeschmückt mit viel Fantasie, was Du gefühlt, gesehen und erlebt hast. Sicher spielen bei Dir nicht nur die Gene Deiner Eltern und Vorfahren eine Rolle.

Vorbilder, auch wenn sie nicht zum Vorbild taugen, wirken nachhaltig. Der Zeiten Geist, das ganze soziale Umfeld formt den Charakter. Verhalten, Lebensstil und Bildungsgrad.

Von Verwandten, Freunden, Kollegen, Vorgesetzten. Du hast Deinen Vater länger erlebt als Deine Mutter, wie Du erzähltest. Und verinnerlicht. Deine Gehirnzellen haben es so und nicht anders gespeichert. Das ist der Tatbestand.

Du könntest Dich jetzt fragen, ob und wie stark beide Dein Leben beeinflusst haben. Dich gehindert oder gefördert. Zu werden, der Du heute bist. Besser aber ist es, einen Schlussstrich zu ziehen. Den Vater als den zu akzeptieren, den Du in Eurem gemeinsamen Leben wahrgenommen hast. Inklusive Deiner eigenen Bemühungen, ein Individuum zu werden. Die wenigen Erinnerungen an Deine Mutter hüte wie einen Schatz. Gefällt Dir das ein oder andere nicht, dann ändere es bei Dir selbst."

„Wieder erwartest Du von mir wie früher, aufrichtig zu mir selber zu sein. Mich wach gerüttelt, gerettet aus dem Chaos meiner Gedanken. Dafür muss ich Dir ja wohl dankbar sein, meine Liebe. Auch danke für Deine Kunst, mich zu korrigieren ohne dass ich beleidigt bin. Vermisste es sehr, nachdem Du mich verlassen hast. Heilfroh, dass Du, wie vom Himmel gefallen, jetzt wieder bei mir bist. Ich brauche Dich mehr als je zuvor. Eine Frau, die mich nicht nur liebt, sondern auch zwingt, einen Sachverhalt vom Ende her zu denken. Bevor ich anfange, ihn mit Worten zu beschreiben. Mit Dir gemeinsam möchte ich jetzt ein neues Leben beginnen, ohne das Ende zu kennen. Riskiere es trotzdem, weil ich es nicht wissen will. Optimistisch wie immer. Du magst mich für krank halten oder verrückt. Lies mein Buch mit dem Titel: «Ich bin nicht, der ich bin». Dann weißt Du, wie ich es meine."

Sehe ihre wachen Augen, die mich ansehen. Als interessiere sie nichts anderes als meine Augen. Und schon funkt es in meinem Hirn, brennt lichterloh: diese Frau liebe ich. Mehr als ich sie je geliebt habe. Nicht aus Stein wie die Frau auf der Fassade. Lebendig, schlagfertig und liebenswert, so wie ich sie kenne. Ob sie mich leidenschaftlich liebt wie damals, schreibe ich ihr ein Gedicht? Glücklich, wieder eine Frau umarmen können und küssen. Nach zehn blutleeren Jahren ohne Umarmungen und Sex. Marga tot, Tochter Doro in Afrika begraben. Angéla weit weg in New York, Ulrike in Hamburg. Aber die Frau neben mir ist Rose. Wiederauferstanden und lebendig wie eh und je. Neue, ganz andere Bücher wollen geschrieben werden. Liebe mich lehren, was wirklich wichtig ist.

„Ich habe Dich zu Ende reden lassen, nicht sofort geantwortet, als ich Dich nachdenklich sah. Mein Lieber, Du bist nicht krank. Hast Dich selbst offen und ehrlich als Realisten und Fantasten charakterisiert. Optimistisch wie ich Dich kenne. Und das ist gut so. Vieles, so scheint mir, von Deinem Vater richtig gedeutet. Er muss ein Einzelgänger gewesen sein. Oder lebt er noch?"

„Nein, er starb vor gut einundvierzig Jahren. Beschäftigte mich in letzter Zeit jedoch mehr als jemals zuvor. Jetzt, wo ich langsam zu mir selber komme. Auch wenn es noch lange dauern kann. Papa mied die Masse, wie ich es versuchte immer

schon. Wie jetzt auf dieser Bank. Er verfolgte Fronleichnams-
prozessionen vom Fenster aus. Nie aber Aufmärsche bei Hitlers
Geburtstag. Nie wollte er Teil einer Masse sein. Schon größer
als Baby. Der Größte geworden in weitem Umkreis. Unüber-
sehbarer Zweimetermann. Spazierte oft allein, drei Kilometer
den Rhein entlang. Ging bei Familienausflügen mit großem Abstand vor uns her. Selbst seine Familie war für ihn Masse, der er
entfliehen wollte. Sein Gesicht ein einziges: Lasst mich in Ruhe!
Über seine Gefühle hat er nie gesprochen. Wir den Mund gehalten aus Furcht, ihn zu fragen und bestraft zu werden."

„Er muss sehr mit sich selbst beschäftigt gewesen sein. Mit
einem Problem, von dem Du keine Ahnung hattest. Nicht haben konntest, weil ihr nicht miteinander gesprochen habt. Dich
scheint Ähnliches zu plagen. Auch Verhaltensweisen von Eltern und Großeltern übertragen sich auf Kinder. Ohne dass es
den Beteiligten bewusst ist. Jetzt musst Du versuchen, Dich
selber noch besser kennenzulernen. Vor allem aber Dich akzeptieren als den, der Du bist. Intelligent genug, die Dinge anders zu sehen als bisher, das ein oder andere in Deinem Verhalten zu ändern. Du schaffst das schon. Nehme gelassen hin, was
immer auch passiert. Du bist, der Du warst und sein wirst. Mit
Erbteilen Deiner Vorfahren und eigenem Potential. Einer, den
ich sehr geliebt habe und immer lieben werde."

Roses Eingeständnis macht mich glücklich. Möchte nachdenken, nichts mehr sagen, nachklingen lassen. Aber sie erwartet,
dass ich reagiere.

„Ich weiß, dass Du mich liebst, auch mit den weniger guten Eigenschaften. Ob von meinem Vater, Großvater oder
Urgroßvater geerbt oder nicht. Bin egozentrisch und mache
am liebsten alles allein mit mir selber ab. Eingebildet seit ich
denken kann. Bin ich also das Spiegelbild meiner Vorfahren?
Dann könnte ich mich auf Mendel beziehen und Papa, Großvater oder Urgroßvater für meinen Charakter verantwortlich
machen. Ich selber entschuldigt für alles, was ich getan oder
unterließ in meinem Leben."

„Die Versuchung ist groß, jemand anderen für den Schuldi-
gen zu halten. Auch, wenn es der eigene Vater ist. Aber es ist
nicht fair, weil er sich nicht mehr verteidigen kann. Nicht un-
gewöhnlich, dass Söhne Charakter-Eigenschaften ihres Vaters
haben. Ein Spiegelbild sind sie nie. Denn jeder Mensch ist
anders. Denkt anders, fühlt anders. Auch Du bleibst verantwortlich für das, was Du tust oder unterlässt. Wenn auch
manches Genen und Erziehung geschuldet ist. Fehlerfrei ist
niemand. Auch ich nicht.

Du wolltest es nur nicht sehen, total verliebt all die Jahre.
Ich war sehr auf mein Outfit bedacht. Kaufte mir öfter als
einmal auf Düsseldorfs Kö das neueste Kleid der Saison. Um
mich gut zu fühlen und up to date, auch wenn es mich die
letzte D-Mark kostete. Darauf bestand, im teuersten Restaurant zu essen. Meine Mama fällt mir ein. Habe sie nicht besucht, als sie krank war. Das Treffen mit Freunden war mir
wichtiger. Meinen Sohn nicht umsorgt, wie er es brauchte. An

Gott glauben kann ich schon lange nicht mehr. Ich schaffe mir die Welt nach meinen Vorstellungen."

„Das alles ist nichts gegen meinen Egoismus. Nur an mich selber gedacht. Jetzt will ich Dir nichts mehr verheimlichen. Sollst wissen, dass ich schon lange nicht der gute Mensch bin, der ich auch in Deinen Augen war. Heiratete Marga, meine erste Frau, weil ich Sex wollte, nur Sex. Drei Kinder die Folge dieser Begierde. Marga liebte mich, ich sie nicht so, wie sie es verdiente. Und nahm sich deshalb das Leben. Meine Kinder verließen früh das Elternhaus, weil ich sie nicht ernst genug genommen. Mitarbeiter nicht als Team, sondern als Figuren in meinem Spiel gesetzt, wie es mir passend schien. Studenten als Zuhörer, nicht als Wissbegierige betrachtet. Ich war der Besserwisser. Alleskönner. Nur ich, ich, ich. Verzeiht mir, die Ihr im Himmel seid. Verzeiht alle, die noch leben.

Du bist der einzige Mensch, der mich sein ließ, der ich sein wollte. Mit all meinen Schwächen liebtest Du mich. Toleriertest mein Anderssein. Nie werde ich Dein «Ich liebe Dich» vergessen. Gehaucht mit letztem Atem, bevor Du ohnmächtig wurdest und starbst. Als könnte es Dich retten. Ich aber habe mich nie bei Dir bedankt, mit Worten oder Taten. Nur Verse gestammelt und gehofft, Du hast sie verstanden.

Seit ich dich liebe – sind alle Grenzen ein Stück weiter
gerückt -wagt sich mein Mut heraus aus dem
Mauseloch – hinaus auf den gleißenden Platz vor der Sonne.

Das Mauseloch in der Camarque, Südfrankreich, mit verliebten Augen gesehen. Ein anderer geworden. Du aber ändertest Dich im Grunde nicht. Bliebst, die Du warst. Von der ersten Sekunde an die Konstante in meinem unruhigen Leben. Auch auf dieser Bank wollte dieses Triebhafte in mir, dass ich hoch stehe, höher als alle die Menschen auf diesem Bahnsteig. Überblick und Macht haben über sie. Überzeugt, kein Teil dieser Masse zu sein. Als Individuum autark wie eh und je. Eingebildet oder nicht, ich kann es nicht ändern".

„Was immer es ist, das Dich bedrängt, lass es zu. Es geschieht, damit Dir klar wird, wer Du wirklich bist." Ihre Stimme, sanft und bestimmt, wie immer, wenn sie ihre Meinung äußerte. „Versuche nicht, gewaltsam ein anderer zu sein. Auch keiner, der vergessen will, wer er ist. Es wird Dir nicht gelingen. Ändere nur, was Du ändern kannst. Andere zu akzeptieren ist leichter als Du meinst. Du brauchst es nur zu wollen. Dass Du glaubst, mich mehr zu lieben als vorher, könnte mir egal sein. Da es mich nicht glücklicher macht als ich schon bin. Eines aber möchte ich Dir noch sagen: Das Leben ist ein Traum. Auch Deines und meines, als ich bei Dir lebte. Mit Wirklichkeiten und Unwirklichkeiten. Alltagsarbeit und Imaginationen einer schönen Welt. Nicht das, was andere in uns sehen oder hinein projizieren. Beides miteinander in Einklang bringen, eine Kunst, die man erlernen muss. Sie ist auch Dir nicht in die Wiege gelegt worden."

„Du meinst, ich müsse lernen, zwei Dinge zu vereinen, die nicht vereinbar sind. Die Wirklichkeit einer Ohrfeige mit meinem Traum von väterlicher Zuwendung? Die Wirklichkeit von Verboten mit meiner Sehnsucht, selber zu erfahren, was mich weiterbringt? Die Wirklichkeit, schweigen zu müssen mit dem Wunsch, Antworten zu bekommen auf brennende Fragen. Zu reden miteinander, Meinung zu hören Fremdes besser zu verstehen. Unaufgeklärt nicht wissen, dass Liebe und Sex zwei Seiten derselben Medaille sind. All diese Widersprüche haben mich werden lassen, der ich heute bin. Das soll ich Deiner Meinung nach ändern? Dachte ich bin, der ich bin und sollte mich nicht gewaltsam zwingen, ein anderer zu werden."

Wieder hin- und hergerissen zwischen Wollen und Können. Wie oft in meinem Leben. Hier auf dieser Bank abgehoben von der Realität der Masse. Ausgeliefert aber Massen Gedanken, die wie Hitchcocks Vögel mich ängstigen. Deren unablässiges Geschrei, das ständige Pochen mein Gewissen nicht zur Ruhe kommen lässt.

„Könnte ich doch abschalten, vergessen, dass ich der Sohn meines Vaters bin. Weiß nur, dass er wie ich gern allein war, aber nicht, was er dachte, wonach er sich sehnte. Ich werde das Kapitel nicht abschließen, weil ich trotz einiger Vermutungen keine Fakten habe. Beweise für sein Verhalten. Es bleiben Vermutungen. Wüsste ich es, wäre ich bereit, ihn zu akzeptieren. So wie er war, mit allen Stärken und Schwächen."

„Ich will Dir helfen, Chou. Daran erinnern, dass auch Dein Vater eine Kindheit wie Du gehabt haben könnte.

Erzogen nach alten Mustern, die Gesellschaft und Religion diktierten. Nicht aufgeklärt wie Du. Unreif schon früh Soldat werden musste wie Du. Den Krieg noch im Kopf, in allen Gliedern seines Körpers und geheiratet. War es wirklich Liebe? Oder trieben ihn sexuelle Lüste, die Ehe zu schließen? Du weißt es nicht, ich schon gar nicht. Dich aber sehe ich vor mir, das erste Resultat dieser Begierde. Mit Eigenschaften und einem Verhalten, das Dein Vater und Deine Mutter Dir vererbt und vorgelebt haben.“

„Das ist es nicht, was ich nicht begreife. Du sagtest, ich müsste mich ändern. Lernen, Wirklichkeit und Träume zu vereinen. Aber was ist, wenn ich immer derselbe bleibe? Mit guten und schlechten Eigenschaften meiner Eltern? Mal sehe ich die Welt nüchtern, mal hänge ich einer Vision nach. Einer, die mich fesselt wie an diese Bank, weil ich Wirklichkeit und Traum nicht übereinander bringe, wie Du mir geraten. Ich aber brauche Visionen, um leben und arbeiten zu können. Ich kann beides nicht steuern, weil Träume kommen, ohne dass ich sie rufe. Ich will es so lassen, wie es ist. Basta.

Auf dieser Bank werde ich stehen bleiben. Mit Dir eine neue Art von Zweisamkeit leben, die nicht von dieser Welt ist. Niemand wird mich hier suchen. Einen, der auszog, wahres Sein hinter äußerem Schein zu suchen. Werde nicht heimkehren, bevor ich weiß, wer Papa wirklich ist. Bisher kein Fakt, nichts anderes als Erinnerungen. Rückwärts gewandte

Visionen. Tatsachen verfälscht, weil gefühlt und nicht ermit-
telt. Gutes oder Schlechtes gedacht, nicht gelesen oder gehört.
Was aber ist wahr und was gelogen?"

Was ist wahr und was gelogen?

Kopf oder Zahl? Münzen werfen ein Spiel. Der Zufall entscheidet. Mir scheint, der große Unbekannte hat Schicksal gespielt. Dem ich mich ausgeliefert fühle. Gefühle sind es, die mich glücklich machen, aber auch verwirren. Der Anblick einer schönen Frau stellt mich auf den Kopf von jetzt auf gleich. Und verpasse die Chance, mich ihr vorzustellen. Oft ist mir ist nicht klar, wie ich Wunsch und Wirklichkeit vereinen kann. Folge dem ein oder anderen und glaube, es ist gut so. Wahr oder gelogen?

Auch Papa wird unter solch zwiespältigen Gefühlen gelitten haben. Als er Guste heiratete, damit seine Kinder wieder eine Mutter hatten. Eine, die den Haushalt führte. An seiner Seite im Gottesdienst oder beim Spaziergang. Meinte er es ehrlich oder spielte er nur die Rolle des sorgenden Ehemannes? Vergleiche ich das einzige Foto meiner Mama mit Guste, könnte ich verstehen: so eine Frau vergisst kein Mann. Papa muss sie sehr geliebt haben. Die Ehe mit Guste also eine Lüge?

Auch ich liebte Rose, liebe sie immer noch. Es ist die Wahrheit. Meine Liebe zu Marga auch wahr und wirklich zu ihrer Zeit, keine Lüge. Auch Papa mag Guste geliebt haben. Auf eine Art, die mir fremd sein mag. Sah sie nicht einmal sich umarmen, geschweige denn küssen. Kein liebes Wort gehört von ihm zu ihr und umgekehrt. Übernommene gesellschaftliche Konventionen müssen ihr Verhalten bestimmt haben. Subjektive Meinungen und intime Gefühle für sich behalten und nicht geäußert. Wie aber soll ich das Gespräch mit Rose weiterführen? Was sagen, sie fragen? Wo schon alles gefragt und gesagt ist. Wahr ist, was einer glaubt, nicht weil er es weiß. Und schon spricht sie:

„Sehe Dir an, Du schwankst zwischen Realität und Illusion. Zwischen wahr und unwahr, um das übliche Lüge zu vermeiden. Nicht immer zu unterscheiden. Lüge ist oft verschleierte Wahrheit. Angst sie zu äußern. Wie bei Verhören durch die Gestapo während der Nazizeit. Aber sag, was Dich noch beschäftigt."

„Hier in Riga, genauer auf dieser Bank habe ich erkennen müssen, ich bin nicht viel anders als mein Papa. Und das ist die Wahrheit. Sehe nicht so aus wie er, aber fühle wie er. Künstlerisch begabt wie Papa. Bewundere Schönes, meide die Masse. Behalte für mich, was niemanden zu interessieren hat. Z. B. im letzten Semester das Studium abgebrochen und Marga geheiratet. Aus der Kirche ausgetreten, weil das sogenannte Wort Gottes mich nicht mehr überzeugte und Steuern gespart. Künstlerisch begabt wie Papa. Du hast Recht. Muss mich nicht mehr von ihm distanzieren, ein anderer sein. Nicht mehr O.W., der mit diesem Kürzel glaubte ein Genie zu sein. Ein halbes Leben lang mich selbst belogen. Jetzt soll man mich Otto Willi nennen, wie meine Eltern es wollten. Und das ist die Wahrheit. Nicht nur, weil ich dem Eintrag im Stammbuch gerecht werden will."

„Jetzt machst Du Dich bescheidener als Du von Natur aus bist. Was ist es denn, das Dich so denken lässt? Dich erniedrigst, als wolltest Du erhöht werden. Wie es in der Bibel heißt."

„Ich bin nur stur. Du selber nanntest mich mal stur. Erinnere Dich: wir hatten uns fein gemacht, um nach Düsseldorf zu fahren. Beim Rausgehen sah ich die Holunderbeeren an den Sträuchern dunkel gereift. Bestand darauf, sie sofort zu pflücken und zu Marmelade verarbeiten. Schon beim Pflücken hingst Du mir eine große Schürze um. Denn Holunder färbt penetrant. Zwei Stunden später in einem Zelt auf der Kö den italienischen Rechtsanwalt Paolo Conte gehört und versöhnt. Sein rauchiges «Dancing» noch lange in den Ohren.

Jetzt will ich nur wissen, welch typische Eigenschaften ich noch habe, um von mir auf ihn zu schließen. Nicht anderes will ich wissen, um mir wenigstens vorstellen zu können, wer er war. So anders ich, genau betrachtet, auch bin. Möchte Papa gerne in guter Erinnerung behalten. Wie ich ihn erlebte, vergessen. Bin ich doch selber schlimmer noch als er.

Ich will es Dir beichten, Rose. Was ich Dir nie erzählt aus Angst, Deine Zuneigung, Deine Liebe zu verlieren. Hier auf der Bank muss ich es jetzt loswerden, weil ich weiß, himmlische Wesen verzeihen alles:

Meist dachte ich an mich und meinen Vorteil. Ständig bestrebt, anderen gegenüber als Könner zu erscheinen. Also eine Rolle zu spielen. Optimistisch, erfolgreich, Thesen so formuliert, dass sie mich bestätigten. Gehandelt, um belohnt zu werden. Widerstand geleistet, zu spüren, ich bin der Stärkere. Schon früh Einzelgänger. Meinen Neigungen, Sehnsüchten gefolgt. Andere nahm ich nicht als die wahr, die sie waren. Bewusst oder unbewusst. Einzig Lustgefühlen gefolgt, die mich glücklich machten.

Als Kind Rollschuh gelaufen, schneller zu sein als andere der Klasse. Mamas Geige gespielt nach ihrem Tod, um gelobt zu werden und einen Groschen zu bekommen. Vierzehnjährig mich ins Grüne gelegt, zu träumen. Bilder gemalt, Bücher gelesen. Mundharmonika gespielt. Immer nur allein und niemand in der Nähe. Massen mied ich wie einen Feind.

Einzelgänger auch in Kindergarten, Schule und Universität. Nur mich und meine Wünsche im Kopf, nicht die der Lehrpersonen. Auch wenn ich sie nicht hätte nennen können. Anders wollte ich sein. Auch wenn ich nicht wusste, wer. Als Hitlerjunge öfter den wöchentlichen Dienst geschwänzt. Ein plausibler Grund fiel mir immer ein. Beim Militär mich nach Dienstschluss abgesondert. Portraits von Kameraden, Vorgesetzten gezeichnet oder auf der Mundharmonika Lilly Marleen gespielt. Mir die schönste Frau der Welt vorgestellt. Während die anderen sich in der Baracke an Fotos nackter Frauen aufgeilten. Witze erzählten. Befohlene Kameradschaften waren mir immer zuwider.

Wollte lieber allein sein. Wie Papa, ist mir jetzt klar. Wie er, lieber spazieren gehen und an Schöneres denken und das, was mir selber gelingen könnte. Den Alltag vergaß ich, die Not der ersten Jahre bewältigt als Grafiker und Werbeleiter.

Selbstständig geworden. Mit großen Hoffnungen begonnen und feststellen müssen: Mein Erfolg war abhängig von Auftraggebern. Die sparen und sich trotzdem am Markt durchsetzen wollten. Mal gut, mal schlecht gelaunt waren.

Bei Kunden-Gesprächen zehn und mehr Personen am Tisch. Und jeder von ihnen wollte der mit den besten Ideen sein. Wozu haben sie mich gerufen, fragte ich mich damals. Mitspracherecht kannte ich nicht. Musste mich auch daran gewöhnen, ein Team zu führen. Lernen, die Motivation von Mitarbeitern zu wecken, sie nicht nur zu beschäftigen. Glaubte, Geld verdienen hat mit Sympathie zu tun. Die Sekretärin des Auftragsgebers bequasselt, ihren Chef zu überzeugen, dass meine Vorschläge genau die richtigen seien. Lud sie zu einem Abendessen ein. Mit der Absicht, mit ihr anzubandeln. Sie aber war nicht daran interessiert, den Abend mit mir fortzusetzen.

Die meisten Frauen, die ich kannte, waren Einzelwesen wie ich. Sich selbst genug, wie ich erfahren musste. Nicht darauf angewiesen, dass ein Mann sie umarmt und küsst. Wollen selber stark sein und erobern. Wenn auch mit Mitteln und Methoden, die ich nicht akzeptieren konnte. Abhängig von Gunst oder Kunst einer Frau? Nein.

Nie wollte ich abhängig sein! Ich wollte siegen, Herr der Situation sein und bleiben. Seit ich das erste Kondom ausprobiert. Mochte es mich noch so jucken. Da, wo die Mitte ist, Wunsch und Wollen zuhause sind. Bald verfiel ich weiblichen Reizen, liebte und wurde wieder geliebt. Total vergessen, dass ich nicht von einer Frau verführt werden wollte. Mit Dir aber habe ich es genossen, immer wieder. Weil glückliche Momente nach Wiederholung verlangen. Glück ist nicht mehr als der Moment eines Augenblicks. Ich kann es nicht lassen. Meine Natur nicht verleugnen, die stets nur das eine will.

Papa musste Liebe ohne Kondom praktiziert haben. Obwohl er die Methode der Verhütung kannte. Aber aus Angst vor Höllenqualen gehorchte er der katholischen Kirche. Kondome waren verboten. Sie seien ein unerlaubter Eingriff in die Pläne Gottes und eine Todsünde. Zeugte zwei Söhne und zwei Töchter. Es muss ihm Spaß gemacht haben. Ebenso wie es mich immer noch danach gelüstet, den Leib einer Frau an meinem zu spüren."
Sehe Rose an und will sie an mich reißen. Auf die Bank werfen, zwischen ihren Brüsten die Nacht verweilen wie König Salomo.

Rose wie immer erriet meine Gedanken: „Ich sehe Dir an, Dich treibt es zu lieben, mich auf die Bank zu legen. Meinen Leib zu küssen, mit Deinem Samen eine Charlotte zu zeugen. Eine Tochter, die ich ersehnte, aber nicht bekommen konnte. Aus Gründen, die Du kennst. Trotzdem liebten wir uns achtundzwanzig Jahre. Den Geschlechtsakt gefeiert und nicht nur hinter uns gelassen."

Schon bin ich auf einer neuen Spur: „Du sagst es. Auch ich erlebte mit Dir Orgasmen wie vorher nie. Später darüber nachgedacht und erkannt, dass solche Augenblicke wirklich

Höhepunkte sind im Leben eines Mannes. Auch mich ergriff beim Ausstoß der Erbmassen ein unbeschreibliches Lustgefühl. Gefühle, die später Probleme machen können. Schlägt ein Kind aus der Art. Alle Männer aber ejakulieren unentwegt, um sich zu befriedigen. Nicht Gottes Willen zu erfüllen und ein Kind zu zeugen. Auch ich kann mich nicht davon frei sprechen. Meine männlichen Vorfahren nicht. Nur die wenigsten kannten damals Verhütungsmaßnahmen.

Die Urgroßeltern beider Seiten hatten sieben und vierzehn, Großmutter zwölf Geschwister. Großvater, Papas Papa, zeugte fünf Kinder. Drei Töchter nacheinander. Zwei Männer als Zwillinge auf die Welt gekommen. Papa und Onkel Willi. Papa der einzige, der für Nachwuchs sorgte. Der Onkel gefallen. Die Schwestern Maria und Elisabeth ohne Kinder. Hedwig, die jüngste den Embrio in der Schweiz abgetrieben. Den Erzeuger vergessen.

Mamas Familie auch mit Kindern gesegnet. Wenn auch ihr Papa, unser Schützenopa, für uns ein Geist blieb sein Leben lang. Einer, der sich in seiner Kammer versteckte. An einer Dampfmaschine bastelte. Oma nur Erfüllungsgehilfin. Stellte ihm das Essen vor die Tür. Wusch seine Hemden. Ließ sich von ihm alle zwei Jahre begatten. Fünf Töchter das Ergebnis seiner Bemühungen. Eine früh gestorben, die anderen haben mein Leben begleitet. Eine von ihnen Elli, die mich geboren. Ich selber drei Töchter, Angéla, Dorothee und Ulrike. Dorothee starb kinderlos in Afrika. Die anderen mit ihrem Job verheiratet. Wir konnten leider keine Kinder bekommen, Rose. Wer weiß, wie vielen wir noch das Leben geschenkt hätten.“

„Mein lieber Chou, Du hast wie ein Mann gesprochen, als empfänden Frauen keine Lust beim Liebesakt. Tragen nur aus, was Ihr uns eingebrockt. Dir musste ich es nicht erklären. Wusstest auf der Klaviatur meines Körpers zu spielen. Hinter den Schamlippen meinen Orgasmus ausgelöst. Die meisten Frauen in meiner Praxis beklagten sich über den Egoismus der Männer. Die scheinbar nicht zu bändigende Gier, ihren Höhenpunkt erleben, aber nicht auch den der Frau zu stimulieren."

Rose sagt nichts mehr, ob sie zurück denkt? An die Zeit gemeinsamer Tage und Nächte. Ihr Gesicht scheint zu leuchten, unwirklich zu werden. Wie ich es von Giottos Engeln kenne. Aber lebendig wie früher. Rose mit mir auf einer Bank. Durchs Glasdach der Bahnhofshalle wandert der zunehmende Mond, noch ist das Glück nicht vollkommen.

„Danke Rose, Du kamst wie ein Engel in mein Leben. Gemeinsam mit mir alles Wichtige diskutiert und abgewogen, bevor ich handelte. Auch jetzt hast Du mich wieder wachgerüttelt. Deine Meinung gesagt. Mich mit richtigen Argumenten überzeugt, nachzudenken. Gezwungen, mich selbst unter die Lupe zu nehmen. Und zu akzeptieren als den, der ich bin. Spiegelbild meines Papas und doch ein Individuum. O.W., Otto oder Chou: ich bin, der ich bin.

Doch in meiner Fantasie stelle ich mir Papa in dieser Stadt vor. An irgendwas muss er doch gedacht haben hier in Riga. Irgendwas getan haben. Als Soldat das, was man ihm befahl. Bewohner aus ihren Häusern vertrieben, ins Ghetto gesteckt?

Dann Handgranaten hineingeworfen, sie in Brand zu setzen. Blind oder hasserfüllt Menschen getötet? Lust am Feuerwerk? Oder hatte er Angst, bestraft zu werden, verweigerte er den Befehl seines Vorgesetzten? Ob ihm nie der Gedanke gekommen: ich habe Unrecht getan? Was hätte ich getan an seiner Stelle?

War er danach ein liebevoller Ehemann und Vater ohne dass ich es bemerkte? Oder spielte er eine Rolle wie ich? Erinnerungen zu vergessen? Ich weiß es nicht. Mir scheint, ich weiß nicht einmal, wer ich selber bin. Schließe von Papa auf mich und umgekehrt, um zu wissen, wer er war. Ein Teufelskreis. Nichts ist komplizierter als sich selbst zu erkennen."

„Das ist wohl wahr. Die alten Griechen wussten es. Am Tempel von Delphi steht eine Maxime. Jeder sollte sie sich merken, bevor er andere kritisiert. «Gnoti seautón», erkenne dich selbst. In Stein gehauen wie für die Ewigkeit. Diese antike Erkenntnis ist heute so richtig wie damals. Zuerst sich selbst erkennen. Zugegeben, es ist nicht leicht. Wer egoistisch handelt, hält es im Wettbewerb aller gegen alle für unvermeidlich. Nichts anderes als der natürliche Selbsterhaltungstrieb. Von der Natur so gewollt. Nicht abzuschalten, wie man einen Computer abschaltet. Aber man kann ihn auf stand by schalten, um im Bild zu bleiben. Sorgsam sein Gewissen prüfen, steht eine Entscheidung an. Dann hochfahren, wenn sicher ist, dass es anderen nicht schadet."

Als hätte Rose gespürt, was mir durch den Kopf ging. Wirkliche Engel sind überirdisch begabt und können Gedanken lesen. Ich will ihr antworten. Noch nicht zu Ende mit meinem Sündenbekenntnis:

„Als Gymnasiast hatte ich diesen Spruch gelernt, vergessen und dann verdrängt. Nicht gelernt, auf das Gewissen zu hören, mich danach zu verhalten. Folglich nur an mein Ego gedacht und selbstsüchtig gehandelt. Fehler nicht bei mir gesucht, sondern zuerst bei anderen. Eigenschaften meines Charakters als Folge anderen Verhaltens gerechtfertigt. Auge um Auge, Zahn und Zahn praktiziert. Auf Kriegsfuß mit der Welt und jetzt auch mit mir selbst.

Ich weiß, dass ich mich wiederhole. Erbanlagen und gesellschaftliche Usancen und Vorbilder haben auch meinen Charakter geformt. Du könntest meinen, ich sage es nur, um mich reinzuwaschen. Andere verantwortlich machen. Bei mir war es so, bei Papa könnte es auch der Fall gewesen sein. Aber sein und mein Charakter sind nicht nur von Genen und Vorbildern geformt, auch von Bildungstand und Intelligenz."

„Das ist richtig, aber was willst Du damit sagen, was beweisen? Dass Du Matura absolviertest, die Uni besucht und deshalb schon ein besserer Mensch bist?"

„Bildung muss aber eine wichtige Rolle spielen. Erinnere, Papa besuchte die Realschule am Fürstenwall. Eine der wenigen Auskünfte, die er von sich gab. Als wir auf dem Weg ins Krankenhaus daran vorbei kamen. Physik, Mathematik und Biologie gelernt. Englisch als einzige Fremdsprache. Philosophie mit These, Antithese und Synthese nicht. So addierte und subtrahierte er sich durchs Beamtenleben. Nie von ihm ein englisches Wort gehört, nie einen Leitsatz, den jeder Lateiner kennt: «Pecunia non olet» Geld stinkt nicht. Er scheint nur A-Quadrat plus B-Quadrat gleich C-Quadrat gelernt zu gaben. Im Alltag eines Beamten kaum taugliche Formel. Auch in der Ehe nicht hilfreich. Kann mir nicht vorstellen, eine Frau mit dem Zollstock zu vermessen. Oder Kinder zum Gehorsam zwingen."

„Schäme Dich, jetzt bist Du wieder der Besserwisser, erhebst Dich über Deinen Vater. Unterstellst ihm, was Du unter anderen Bedingungen selbst gedacht und getan haben könntest. Was Du denkst, sind Ausflüchte realitätsferner Fantasie."

„Aber ich wollte doch nur sagen, dass viele Dinge unseren Charakter bestimmen. Aber nicht wissen, wie es sich auswirkt. Daraus gefolgert, dass ich als Sohn Papas Eigenschaften besitze. Auch wenn ich das Gymnasium besuchte, die Uni. Aber ich bin gerne allein wie Papa, zu träumen und liebe die Kunst wie er. Habe große Ohren wie er und großen Appetit. Ähnlichkeiten also mit Papa. Fakten und nicht Ausgeburten meiner Fantasie. Dann ist es doch auch nicht ausgeschlossen, dass wir noch anders gemeinsam haben. Papa getan, was ich heute gerne tue.

Betrachte ich zum Beispiel jetzt die marmorne Frau auf der Fassade mit dem Fernglas, wird er sie 1915 auch betrachtet haben. Und getan, zu was es ihn trieb. Wie es mich treibt, sie von nahem zu sehen. Stelle mir vor, öfter als einmal schlich er des Nachts hin zu diesem Haus. Um die Skulptur im Licht der Laternen zu bewundern. Oder vom Vollmond angestrahlte Frau, die ihn so sehr faszinierte, dass er den Verstand verlor und sie heiraten wollte. Nach einer Ausschau hielt, die ihr ähnlich sah. Eine Lettin kennenlernte und desertierte, um sie zu lieben.

Vielleicht bewunderte er sie auch nur, wie ich sie als Kunstwerk bewundere. Es ist meine Natur, ähnlich der seinen. Wäre ich sonst auf Papa gekommen, als ich die Frau auf der Fassade entdeckte? Sofort von dieser marmornen Schönheit begeistert. Wie von Botticellis «Geburt der Venus». Vielleicht kannte mein Vater dieses Bild aus seinem Lexikon. Über sie gesprochen hat er nicht. Warum eigentlich nicht? Er muss es wie ein Geheimnis gehütet haben. Warum? frage ich mich wieder. Warum sprach er nicht mit mir darüber, als ich auf dem Gymnasium war? Kunstunterricht hatte. Sein Schweigen hatte auch mich damals schweigen lassen. Schweigen muss ansteckend sein. Unsere Wohnung in Düsseldorf-Bilk das Zentrum eines Schweigekartells."

„Ich lasse mich auf Dich ein, weil ich möchte, dass Du gerade bei Deinem Vater Tatsachen siehst und nicht fantasierst. Aber wieder spekulierst Du ohne handfeste Beweise. Es mag ja sein, dass Du es so empfunden hast. Aber ein Beweis für Deine These, Papa liebte schöne Frauen wie Du, ist es nicht."

„Mit Dir erst lernte ich mich auszudrücken, in Worte zu fassen, was mich bewegte. Redete und schrieb, um mich zu befreien. Antworten auf Fragen zu erhalten, die mir keine

Ruhe ließen. Wie die nach meinem Vater jetzt. Die Skulptur einer Frau in Riga könnte doch Papas früh verstorbenen ersten Frau, meiner Mama, ähnlich sein. War er veranlagt wie ich, wäre der Verlust seiner ersten Frau, meiner Mama, Ursache für sein Verhalten: Introvertiert, wortkarg. Heimliche Gedanken, jeder Herzschlag erinnerte ihn daran, dass er einmal sehr, sehr glücklich war. Nichts und niemand, der bei ihm war, konnte Elli ersetzen.

Denke an meinen Brief, in dem ich ihn bat, mir mehr von meiner Mama zu erzählen. Er reagierte wie von Furien gejagt. Bei ihr in Gedanken, wenn er allein am Ufer des Rheins entlang spazierte. Auch auf unseren sonntäglichen Ausflügen mit Kind und Kegel marschierte er vorneweg. Allein mit sich und seinen Gedanken an Elli. Hörte er in der Stadt das Geigensolo eines Zigeuners, verfinsterte sich seine Miene. Die Schritte hastiger, als wollte er seiner Vergangenheit entkommen. Orchester von der Schallplatte aber hörte er gern. Das Ganze hören und nicht das einzelne Instrument. Sehe ihn noch den Takt dazu schlagen. Als hielt er sein Herz in den Händen.

Schumanns «Rheinische» hörte er jeden Abend, bevor er sich schlafen legte. Im Ohrensessel, die Augen geschlossen, sich zu erinnern, ohne dass einer merkte, an was er dachte. Mit seiner Elli im Konzert? Fragen kann ich ihn nicht mehr nach seinem Tod. Nur seine weiche Stimme erinnern, wenn er „Jünken" zu mir sagte. Und dabei bestimmt an seine Elli dachte."

„Es beweist mir wieder, was ich wusste. Feingefühl und Vorstellungsvermögen sind Deine Stärke. Aber was Du daraus schließt, eine Annahme, die jetzt nicht mehr zu beweisen ist. Nur eines dürfte stimmen, Dein Vater hat seine erste Frau sehr geliebt. Wem das Herz voll ist, spricht darüber. Hat er sich über Deine Mutter jemals geäußert? Erinnert an schöne Erlebnisse mit ihr? Jeder Mensch lebt nicht nur heute, träumt von der Zukunft. Mehr noch vom Leben, das er erinnert. Es ist so wie es war und nichts auf der Welt kann es mehr ändern. Erinnerungen sind stabile Größen in unserem Leben. An denen wir uns festhalten können."

„Ausgesprochen hat er ihren Namen nie, als hätte er Angst. Seit seine zweite Frau die neue Mutti für uns war. Nicht mal beiläufig erwähnt, sie könnte ins Zimmer kommen. Durfte er nicht oder hielt er sich zurück? Vermute, sie hätte es ihm nicht verziehen. Wollte nicht Ersatz oder Zweitbesetzung sein. Möglich aber auch, er fürchtete ihr Schweigen. Schwieg sie, drohte ein Gewitter auszubrechen. Wir mussten auf alles gefasst sein. Der geringste Verstoß gegen die Hausordnung hatte Folgen, die auch Papa fürchtete. Den tieferen Grund ihres Schweigens habe ich nicht gekannt. Sie muss gespürt haben, dass wir sie nicht liebten. Papa sie als Frau begehrt, aber nicht wirklich liebe. Nie sah ich sie zärtlich miteinander.

Sicher hat er Guste aus ganz praktischen Gründen geheiratet, damit seine drei kleinen Kinder wieder eine Mutter haben. Ebenso sicher auch, mit einer Frau das Bett zu teilen. Schwester Klara der Beweis. Es muss eine schwere Geburt gewesen sein, Guste danach sechs Wochen in einem Erholungsheim. Vermute, sie konnte oder wollte keinen Sex mehr haben. Ein weiterer Grund für Papa, zu schweigen und an Elli zu denken."

„Du könntest Recht haben. Denn hätte er mit Guste darüber gesprochen, wäre sein Leben und Eures anders verlaufen. Heute sprechen Kinder über Sex, bevor sie wissen, was es ist. In Deiner Jugend kannte niemand dieses Wort. Nie darüber gesprochen, was Männer und Frauen zueinander treibt. Bekannt nur, sie seien verpflichtet, Gottes Willen zu erfüllen und Kinder in die Welt zu setzen. Es schien, als folgten ihm alle freiwillig. Aber nicht um Gottes Gebot zu folgen, sondern ihren natürlichen Trieben. Mit Adam und Eva fing es an, nachdem sie das Paradies verlassen mussten."

„In der Bibel steht aber nicht, ob sie Spaß dabei hatten. Nur im Buch des Königs Salomo verklausulierte Lobpreisungen des Liebesaktes:

«Da der König um mich war,
duftete meine Narde
Ein Strauß Myrrhe ist mein Liebster
der zärtliche mir
zwischen meinen Brüsten
weilt er die Nacht».

Großen Spaß muss es auch Papa gemacht haben. Zeugte drei Kinder mit seiner Elli kurz hintereinander. Noch vor der Hochzeit mit Guste das vierte. Wie mein erstes, fällt mir ein.

Auch mir konnte es nicht schnell genug gehen, dieses orgiastische Hochgefühl zu wiederholen, so oft als möglich.

Ich muss auch das von ihm geerbt haben. Erinnern fesselt mich an diese Bank. Aushalten muss ich den, der ich war. Immer noch bin. Ein lebenslang introvertierter Gernegroß. Nicht wie Papa in Zentimetern gemessen, sondern in meiner Fantasie. Träume von Orgasmen, die nicht enden dürfen. Höhepunkte in der Liebe, beim Schreiben, Musizieren, Kochen. Gebe zu, dass mein Verhalten anderen Menschen gegenüber despektierlich ist. Unproportionales widert mich an. Dicke Menschen mag ich nicht. Von aktueller Mode verunstaltet, weil sie «In» sein wollen. Ungebildet dem Zeitgeist folgen. Alles, was meinen, zugegeben subjektiven, Vorstellungen von Ästhetik widerspricht, ist für mich nicht wert, beachtet zu werden. Nur ausgesprochen Hässliches fasziniert mich, weil es die Wirklichkeit zeigt.

Ich bin ein visueller Typ. Nichts kann ich dagegen tun, gefällt mir etwas nicht. Ob Papa auch so veranlagt war, weiß ich nicht genau. Vielleicht ja, vielleicht nein. Alles, was ich sehe, muss klassischen Vorbildern folgen. Ausgewogen in Form und Farbe, damit ich es schön finde. Frauen besonders, aber auch Gebäude, Klänge, Skulpturen und Gemälde. Bis ich das Buch «Schönheit» des englischen Philosophen Roger Scrouton las. Seine Quintessenz lautet:

«Schönheit ist Heimat». Jeder Mensch hat eigene Vorstellungen von dem, was schön ist. Bedingt durch Bildung, Werdegang und sozialem Umfeld. Eines aber empfinden alle gleich, auch wenn sie keine Worte dafür finden. Betrachten sie das, was sie schön finden, stellt sich sofort das Gefühl ein, hier bin ich zuhause. Bei Martin Schongauers Gemälde «Madonna im Rosenhag». Sonnenuntergang am Meer, beim Anblick einer Vase mit Anemonen auf dem gedeckten Tisch. Oder der Sommersprossen im Gesicht eines Mädchens. Seit dieser einleuchtenden Erklärung bemühe ich mich, mir fremdes zu tolerieren. Drängt es mich wegzusehen, ermahne ich mich: Bringerle, was hast du dir vorgenommen?

Nicht nur Gefühle bewegen mich, unausgesetzt bis heute. Ehrgeizig will ich mehr wissen. Jede neue Interpretation, jeder absurde Gedanke reizt mich, mehr zu erfahren. Bis ich es begriffen, abgelehnt oder in meine Arbeit integriert habe. Carlo Povellis Résumé fällt mir ein: «Die Suche nach dem Wissen nährt sich aus radikaler Ungewissheit». Über mich weiß ich nur das ein und andere, was andere über mich sagen und was ich mir einbilde. Wird mich Ungewissheit mein Leben lang verfolgen, werde ich auch nach dem Tod noch neugierig sein."

„Dann bin ich mal gespannt, was Dich interessiert. Wer oder was das erste Opfer Deiner Wissbegierde ist."

„Lästere nur, bedenke, ich bin wankelmütig, öfter als entschlossen. Immer geht es um wahr oder gelogen. Manchmal stelle ich mir vor, ich bin der ich bin. Nicht mehr gequält von der Frage: wer bin ich? Könnte mich zurücklehnen und sagen: Nehmt mich wie ich bin. Alt geworden, doch immer noch egoistisch und selbstverliebt. Aber auch einer, der sich vorgenommen, den Nächsten zu akzeptieren. Als den, der er ist. Dick oder dünn, gebildet oder dumm. Modisch up to date oder in altmodischen Klamotten. Bin ich ehrlich, wäre ich, der ich dann bin? Oder mache ich mir vor, tolerant zu sein, weil von Toleranz reden gerade Mode ist? Belüge ich mich selber, nur um «In» zu sein?

Sag ich die Wahrheit, wenn ich mich für gebildet halte? In Wirklichkeit aber mit meinem Wissen Eindruck schinden will. Oder lüge ich, damit andere mich für intelligent halten? Sokrates, der große Weise des Altertums gab zu: «Ich weiß, dass ich nichts weiß.» Und ich Winzling protze mit meinem Miniwissen, als wäre es der Weisheit letzter Schluss. Gymnasium und Universität seien die einzige Voraussetzung, um als Mensch anerkannt zu werden.“

„Es erstaunt mich, wie Du Dich heute selbst beurteilst. Nie vorher so selbstkritisch erlebt. Hin- und hergerissen zwischen Gut und Böse. Selbstgerecht mit schlechtem Gewissen. Du scheinst aus der antiken Erkenntnis die richtigen Schlüsse gezogen zu haben. Aber total übertrieben wie oft, seit ich Dich kenne. Zu Deiner Beruhigung: Ganz so abscheulich, wie Du denkst, bist Du nicht. Ich mag Dich, wie ich Dich immer mochte. Weil Du dich immer wieder fragst, bemühst, zu differenzieren. Bei Dir selber wie bei anderen Menschen gute und schlechte Eigenschaften erkennen und zulassen willst. Auch bei Deinem Vater. Gut und schlecht im Menschen sind Tatsachen seit Adam und Eva. Den einfachen Charakter gibt es nicht. Mensch ist wie eine Unterschriftenmappe. In jedem Fach ein anderes Angebot für einen anderen Empfänger. Aber nur eines wird für mich das richtige sein. Ich mag Dich, weil Du bist wie Du bist, Chou-Chou."

Chou-Chou hat sie gesagt. So rief sie mich, seit wir zusammen lebten. Chou-Chou der Liebling in französischen Familien. Sehe die Frau neben mir an und kann es nicht fassen. Kein Engel. sondern Rose, meine Rose. Ihre Art und Weise mit trefflichen Argumenten zu diskutieren, kenne ich. Als wäre sie von den Toten wiederauferstanden, um mir die Leviten zu lesen. Als müsste es sein, tönt von irgendwoher Chorgesang. Aus Lautsprechern über uns. Will man uns beruhigen? In gute Stimmung versetzen? Auf dem Bahnsteig nicht mehr zu drängeln, sondern zu tanzen? Es klingt karnevalesk. Ausgelassen wie am Rosenmontag bei uns in Düsseldorf. Und schon klickt es in meinem Hirn:

„Rose, diese Musik erinnert mich an Karneval, als ich noch Kind war, die Welt aus dem Häuschen. Das Datum im Wand-Kalender festgeschrieben wie Weihnachten, Ostern und Pfingsten. Als kirchliche Wendemarke nicht nur akzeptiert, auch eingehalten. Mahnt er uns doch, danach sechs Wochen Fleisch und allen irdischen Genüssen zu entsagen. Adieu alles, was Freude macht. Ein letztes Mal noch den Aschermittwoch feiern und Schluss mit dem Vergnügen. Lieber Gott und böse Stiefmutter wachten darüber mit Argusaugen und Strafmaßnahmen. Den letzten Karnevalstag galt es auszunutzen.

Wir Kinder wollten uns auch verkleiden. Wie die auf der Straße. Max oder Moritz sein. Erinnere aber kein Karneval, wie es andere Familien feierten. Papa zuhause und nicht mit Kollegen im Wirtshaus. Sah dann und wann aus dem Fenster hinunter auf die Straße, das Karnevalstreiben beobachten. Dann wieder im Ohrensessel neben dem Ofen, Zeitung lesen. Nachbarskinder tobten durchs Treppenhaus. Hörten sie singen: „Heidewitzka Herr Kapitän". Wir mussten Rechnen üben oder in der Küche helfen. Älter geworden Ostern vorbereiten. Eier in Farbe tauchen oder nach Vorlagen bemalen.

Erst als ich Jahre später das Elternhaus mit meinen kleinen Töchtern besuchte, schien Papa ein anderer zu sein. Die Idee zu haben: ich verkleide mich, damit mich niemand erkennt. In der offenen Wohnungstür ein Riese von Kerl. Schwarz sein Frack, rot das Hemd. Das ganze Gesicht mit blauen und gelben Herzchen bemalt. Lippen vergrößert, rot wie Blut. Die Glatze mit einem schwarzen Zylinder verdeckt. Schräg aufgesetzt wie ein Zirkus-Clown. In beiden Händen Lakritzstangen.

Meine drei einiges gewohnt, als Cowboy, Prinzessin und Clown verkleidet, schauten entsetzt. Dann aber lachten sie: „Großpapa spielt Verstecken". Es wurde ein fröhlicher Nachmittag. Papa steigerte sich in seine Rolle, trank ein Bierchen nach dem anderen. Lachte über alles und nichts. Als wollte er mir in der Rolle des Großpapas vorführen, dass ein Papa auch lustig sein kann. Nicht sagen, sondern zeigen. Eines seiner symbolischen Handlungen, das ich sofort verstand.

Als mir gelang, preisgünstig einen Bungalow zu kaufen, wollte er sehen, wie wir ihn eingerichtet hatten. Nanu, dachte ich, Papa interessiert sich für Innenausstattung? In der elterlichen Wohnung nur von Generation zu Generation weitergereichtes Mobiliar. Eichenharte Ungetüme, die niemand verrücken kann. Eine Uhr, die seit einem Jahrhundert schon die Zeit einteilt. Kuckuck ruft alle Stunde. Als Kind kam ich mir drinnen vor wie eingesperrt. Draußen musste die Freiheit grenzenlos sein. Bis ich mich selbst befreite und die heiß geliebte Marga heiratete. Drei Töchter mich glücklich machten. Ein eigenes Haus später das Nonplusultra.

Papa muss es auch so empfunden haben, als sie uns besuchten. Nur Grünes sah auf 2000 Quadratmeter. Wiese mit drei Kirschbäumen. Sonst nichts, nur Wiese. Helles Grün mit dunkelgrünen Flecken. Die ich jeden Samstag mit einem Wolf-Unkrautstecher entfernte. Löwenzahn, Klee und Knöterich ein einziges Ärgernis.

Grün sollte bleiben, was Grün angefangen. Fleckenlos.

Ein Teich mit schwimmenden Rosen, plätscherndes Gefälle, eine Bank. Käfer zu beobachten beim Wettrennen auf sonnenglitzernder Wasseroberfläche. Papa das sehen und mit großen Schritten hin stiefeln. Sich auf die Bank setzen. Meiner Frau den großen Strohhut vom Kopf herunter auf seinen setzen. Die blanke Glatze vor Sonnenbrand geschützt: „Und jetzt ein «Alt»". Düsseldorfs Spezialbier. Papas erstes, nicht das letzte Wort an diesem Nachmittag. Er schien Nachmittage mehr zu mögen als Vormittage. Eine große Wiese mehr als drei Blumentöpfe auf dem Balkon. An die Eifel erinnert. An Spaziergänge mit seiner Elli. Barfuß über grüne Wiesen gelaufen, getanzt und geküsst. Lang wie er ist, sich hingelegt und verwöhnen lassen. Stellte es mir vor und gewünscht, er hätte es mir bestätigt. Fragte ihn aber nicht. Meinen Brief im Kopf. In dem ich ihn nach seiner ersten Frau fragte. Er wäre ausgerastet wie damals. Die gute Stimmung verdorben."

„Jetzt, wo Du es erzählst, ist es Wirklichkeit. Dein Papa ein Papa, wie viele Kinder ihn haben. Hätte gern einen solchen Vater gehabt, egal ob als Held oder Tunichtgut. Meiner fiel als Soldat in Stalingrad, als ich Zehn war. Ich hätte ihn geliebt mit allen Fehlern und Schwächen."

Rose duzt mich, als kennten wir uns seit Ewigkeiten. Stottere: „Tut mir leid." „Braucht Dir nicht leidzutun. Erinnere mich an seinen letzten Fronturlaub, als wir wunderbare Ferien in Bayern verbrachten. Nach dem Krieg hat meine Mama einen anderen geheiratet. Lothar, der beste aller Väter. Für mich und alle anderen in Familie und Firma, die er stellvertretend für meinen gefallenen Vater leitete."

Mir kommt vor, als stände ich seit Ewigkeiten auf dieser Bank. Ein Denkmal meiner selbst. Höre mich laut denken und Rose antworten. Wäre sie nicht auf meine Bank gestiegen, mir Paroli geboten, stände ich allein mit meinen Gedanken. Immer noch Fragen im Kopf, die auf Antworten warten. Wer war Papa? Wer bin ich? Neugierig wie Lots Frau. Als sie sich gegen den Rat Gottes umdrehte und zur Salzsäule erstarrte. Ich aber bin lebendig, Blut pulsiert in meinem Körper, regt das Gehirn an, kreuz und quer zu denken.

Darf ich nicht neugierig sein wie als Kind? Müssen Kinder warten, bis Erwachsene ihnen die Wahrheit sagen? Wie in meinem Elternhaus. Jetzt bin ich erwachsen und weiß immer noch nicht alles über mich. Versteckt in einer Zelle meines Leibes. Bin ich Gott nicht gefolgt? Meinem besseren Ich, das es wissen müsste? Meinem Papa und all den Vätern, Schwiegervätern, die ich noch hatte? Alle zusammen ein Lexikon, in dem ich meine Neugier befriedigen könnte. Meine Absicht, das Denken zu lassen, also misslungen. Rose muss mich retten, und sei es zum letzten Mal:

„Rose, Du wirst mich für uneinsichtig halten und stur, aber ich kann mich nicht begnügen mit dem, was ich weiß. Muss alles wissen, alles, was mich betrifft in meinem Leben. Wie soll ich sonst erfahren, wer ich bin, um auf Papa zu schließen? Ich will mich erinnern und aussprechen, um Deine Meinung dazu zu hören. Damit ich verstehe, welchen Einfluss er auf mich hatte. Der geworden, der ich bin. Dann erst kann ich mich bessern und versuchen, den ein oder anderen Charakterfehler abzulegen."

„Erzähle Chou-Chou was Dir einfällt, wenn es Dich befreit. Lass kommen, was kommt. Nichts befreit so sehr wie ein freimütiges Bekenntnis. Nicht ohne Grund praktiziert die katholische Kirche die Beichte seit 2000 Jahren mit Erfolg. Mensch fühlt sich besser danach. Denke, ich wäre Dein

Beichtvater. Dreh mich auch um, damit Du Dich nicht schämen musst."

„Versuche, mich als Kind im Beichtstuhl vorzustellen. Auf den Knien und bereit, alles loszuwerden, was ich Böses getan. Hinter dem Gitter der Beichtvater. Auch ein Vater neben all den Vätern, die ich hatte. Papas hatte ich viele im Laufe der Zeit. Den, der mich zeugte und allein ließ. Papa Walter, Vater meiner ersten Frau. Akzeptierte mich vom ersten Tag an als Sohn. Später erfuhr ich, sein Vater war schlimmer als mein Papa. Verbohrt in die Vorstellung, Gott habe alles vorher bestimmt. Er, der jüngste Sohn ein Satanskind, weil er nicht jeden Tag zehnmal zehn Vaterunser beten wollte. Gott wird ihn strafen. Prügelte ihn an seiner statt, bis seine Frau dazwischen fuhr: „Vadder lot dat Kink sin!" Meint: lass das Kind doch ein Kind sein.

Erinnere Besuche von Papa Walter. Meine Töchter noch klein, zwölf die älteste. Kaum in der Wohnung, sprangen sie an ihm hoch, wollten auf die Schulter genommen werden. Er packte alle drei mit kräftigen Armen und tanzte rund um den Tisch. Dann ließ er sie auf den Boden fallen. Sich selber dazu. Krochen als Geislein von Zimmer zu Zimmer, Opa, der Wolf hinter ihnen her. Ließen sich fangen, streichelten, küssten ihn und baten: „lieber Opa mach' noch mal den Handstand.

Opa Walter war der Papa, der ich nicht war. Nicht sein wollte, sein konnte. Insgeheim aber bewunderte ich einen, der selber einen Papa gebraucht hätte. Frage mich jetzt: Hätte er einen lieben Papa gehabt, wäre er dann ein so lieber Opa, ein so lieber Schwiegervater geworden? Er starb fern von uns in Berlin. Vielleicht auch noch ein weiterer Grund für den Suizid seiner Tochter, meiner Frau Marga.

Schon überfällt mich das schlechte Gewissen. Obwohl es über vierzig Jahre her ist. Ich hätte sie retten können. Wenn ich gewollt und sie geliebt wie in der ersten Zeit unserer Ehe. Marga, die Mutter meiner drei Töchter, hatte sich selbst getötet. Keinen Ausweg mehr gesehen, als wir uns für eine Woche getrennt. Uns besinnen und fragen wollten, ob wir uns noch lieben. Zusammen passen wie am Anfang unserer 30jährigen Ehe. Ich hin- und hergerissen, keine ehrliche Antwort gefunden. Gab Marga die Schuld, um mich zu entschuldigen. Sie weigerte sich in letzter Zeit, mit mir Sex zu haben. Alice Schwarzers Dogma im Kopf: Alle Männer sind Vergewaltiger. Rang mich durch zu einem Eingeständnis und kam zu spät, ihren Suizid zu verhindern."

Die Frau neben mir auf der Bank liebe ich. Es ist meine Rose. Das schmale Gesicht mit den wachen Augen. Rotblonde Frisur, hochgekämmt. Schlank ihre Figur. Noch traue ich mich nicht, sie zu fragen. Bist Du es wirklich oder bin ich einer Illusion verfallen wie so oft, seit sie tot ist. Weil ich es mir so sehr wünsche. Vom Blitz getroffen wie am Tag unserer ersten Begegnung. Feuer brannte in mir in dem Augenblick, als sie mich damals ansah. Und heute wieder. Sie am liebsten in meine Arme genommen und alles geküsst, was sich küssen lässt.

Wie ich es tat, als sie noch lebte. Ein letztes Mal die noch warme Stirn, als sie „ich liebe dich" hauchte und starb. Ich weiß, sie wird das Feuer bleiben in meinem Ofen. Mich antreiben zu kreativen Höhenflügen. Mich wärmen, wenn 's draußen schneit. Und trösten, wenn 's drinnen weint." Da antwortet sie:

„Auch ich hatte zwei Väter. Meinen leiblichen Vater nur wenige Jahre umarmen können. Der zweite Weltkrieg, grausamster aller Kriege, hat ihn mir genommen, bevor ich ihn kennenlernte. Der zweite Mann meiner Mama ein Papa wie aus dem Bilderbuch. «Lothar von Wilbronn», sein Name. Führte die Firma meines Papas nach dem Krieg weiter. Als Wiener liebte er die Habsburger Monarchie. Ihre große Vergangenheit, ihre Liebe zur Kunst. Lebte aber selber bescheiden mit meiner Mama in einem Nachkriegshaus. Trotz des «von» im Namen. Übernahm den Telefondienst nach Feierabend: „I weiß von nix, bin nur der Pförtner", antwortete er dem Anrufer. Um Zeit zu gewinnen. Auf die Goldwaage zu legen. Bevor er entschied, Menschen oder Geld zu bewegen.

Verwöhnte meine Mama. Jeden Abend schenkte er ihr eine Rose. Jede Woche gingen sie ins Konzert oder ins Schauspielhaus. Und anschließend in einem Restaurant gemeinsam den Abend ausklingen zu lassen. Spielte auf dem Flügel Johann Strauß rauf und runter. Mir hat er eines Tages ein Reitpferd gekauft. Sich von mir zum Dank einladen lassen, um mir zu danken. Umarmte mich lange, als mein Mann mich einer jüngeren Frau wegen verließ.

Schon früh erkannte ich, er liebt mich. Auch wenn ich nicht sein Kind war. Fühlte mit mir, als ich mich als zehnjährige Schülerin in einer Nonnenschule verlassen vorkam. Die Oberin war streng und duldete keine kurzen Kleidchen. Papa Lothar entführte mich samstags nach Schulschluss. Im nahen Café war alles vergessen. Er hatte mein Lieblingskleid mitgebracht. Weiß noch genau, es war ein kniekurzes, rot mit weißen Bordüren an Hals und Saum. Konnte mich umziehen und Kuchen essen, so viel ich wollte. Ich habe ihn geliebt wie einen richtigen Vater. Nie werde ich ihn vergessen. Fühlte mich von Gott und aller Welt verlassen, als er an Lungenkrebs starb. Schade, dass Du ihn nur kurz kennengelernt hast. Und sehr gemocht, wie ich weiß."

Habe sie reden lassen, obwohl sie mir alles bereits erzählte vor Jahrzehnten schon. Ihr Papa Lothar für mich ein väterlicher Freund. Gleiche Interessen schon bei der ersten Begegnung entdeckt und diskutiert. Sie aber ist Rose, meine Rose. Kann keine andere sein, wiederauferstanden von den Toten.

„Nicht alle haben ein so inniges Verhältnis zu ihrem Vater wie Du. Auch wenn es Dein Stiefvater war. Schlimm sind die dran, die keinen haben, an dem sie sich festhalten können. Ihr Selbstvertrauen stärkt, wenn Not oder Zweifel sie plagen. «Anselm Grün», Benediktinerpater und Seelentröster predigt: jeder Mensch braucht einen Vater. Gottvater im Himmel, wenn kein anderer da ist. Erika, eine Jugendfreundin, hatte keinen Vater, doch ihre Sehnsucht nach einem Papa groß. Kaufte auf ihren zahlreichen Weltreisen Puppen. Alles Knaben, keine Mädchen, Zweihundertdreizwanzig insgesamt. Papa-Ersatz für einen, den sie nicht hatte.

Mir sind drei Väter zugefallen. Einer, der mich gezeugt, aber nicht geliebt, wie ich es brauchte. Der zweite mein Schwiegervater Walter, mit dem meine Kinder lieber spielten als mit mir. Roses Vater, mein dritter, den ich Vater nennen könnte, aber Lothar nannte. Ein Partner auf Augenhöhe. Wie ich mir meinen Papa zuletzt gewünscht habe.

Frage mich jetzt, war ich selber meinen Kindern ein guter Vater? Haben sie mich so gesehen und geliebt? Sie müssen mich anders erlebt haben. Ich war fixiert auf meine Interessen immer schon. Hin und wieder mit ihnen gespielt, als sie noch kein waren. Richtige Gespräche fanden nicht statt zwischen uns. Erwachsen geworden ging jede der drei ihren eigenen Weg. Eigene Interessen und große räumliche Entfernungen ließen keine Nähe entstehen. Erst nach Roses Tod kamen wir uns näher. Lernten jeden zu akzeptieren, so wie er ist. Sie mich, ich sie. Reden jetzt offen im Gegensatz zu früher und gewannen Vertrauen. Zuneigung, sogar Liebe entstand zwischen Vater und Töchtern.

Schaffe ich, diese vertrauensvolle Gemeinsamkeit zu pflegen und zu erhalten? Oder hindert mich mein Charakter daran? Bin weit gereist, um zu erkennen, wer mein Vater war. Überzeugt, ich muss es tun, um zu wissen, ob ich Recht habe mit meinem Urteil: Er sei introvertiert, beschränkt in seinem Wissen. Habe in seinem Leben nur eine Frau geliebt, meine Mama. Musste erkennen, bin als sein Sohn nicht viel anders als mein Papa. Egozentrisch und nur eine Frau wirklich geliebt. Kann ich überhaupt aus meiner Haut heraus? Dem angeborenen Äußeren, dem anerzogenen und eingebildeten Charakter entfliehen?"

Stehe jetzt schon eine geraume Zeit auf der Bank im Bahnhof von Riga. Von Erinnerungen gejagt, rückwärts und vorwärts zu denken wie bisher nie. Und plötzlich Rose, meine Frau neben mir, die auf mich eingeht. Mich mahnt oder ermuntert wie früher. Ob sie mir auch jetzt hilft, den richtigen Weg zu finden? Wie sie Talent und Leidenschaft in die richtige Bahn lenkte, als sie noch lebte? Ich bin, der ich bin. Mein Charakter in neun Jahrzehnten gefestigt und unveränderlich. Bin ich also nach wie vor mir selber ausgeliefert?

Einem, den erst jetzt Fragen quälen, die Antwort verlangen. Vor kurzem noch: Wer war mein Papa? Jetzt auf der Bank zum wievielten Mal: Wer bin ich eigentlich? Einer, der sich aus eigener Machtvollkommenheit O.W. nennt. Überzeugt, ein talentierter Schöngeist zu sein? Oder der von einer Schreibkraft im Standesamt ins Geburtsregister eingetragene Otto Willi? Ein Allerwelts-Typ. Wer von beiden bin ich? Wer von beiden kann ich sein? Darf ich sein? Muss ich sein? Das Rätsel ist nicht Papa. Das Rätsel bin ich selber.

„Rose, Du magst mich für verrückt halten, aber ich weiß nicht, wer ich bin. O.W. oder Otto Willi. Goethes Mephisto fällt mir ein: Ich bin ein Teil von jener Kraft, die stets das Gute will und doch das Böse schafft? Doch im Gegensetz zu Mephisto bin ich der Geist, der bejaht und nicht verneint. Denn alles, was ich kreiere, ist wert, zu bleiben, was es ist. Ich will nicht nur der Beste sein, sondern das Beste schaffen. Das aus eigener Kraft mich überleben wird. So wie ich meinen Papa überlebt habe. Meine Kinder mich überleben werden. Wie das Drama «Faust» seinen Autor Johann Wolfgang von Goethe."

„Jetzt hast Du von Dir gesprochen und Deiner Absicht, Großes zu hinterlassen. Es beweist, Du hast Dich nicht geändert. Du bist, der Du bist. Und wirst es immer sein. Der Sohn Deines Vaters, auch wenn Du ihn im Grunde gar nicht kennst. Lass es dabei, jeder Mensch hat ein Geheimnis. Lass ihn der gewesen sein, der er war. Behalte die wenigen Momente in Erinnerung, in denen er Dir nahe war. Und Du Dich ein bisschen glücklich gefühlt. Stell Dich vor den Spiegel, frage Dich selbst, wie oft Du anderen nahe warst. Getan, damit sie Dich lieben. Frage Deine Töchter, Freunde. Sie mögen Dich so wie Du bist. Fremder Meinung kann Dir egal sein. Das Wichtigste mein Liebster: Liebe Dich selber. Will heißen, akzeptiere Dich so wie Du bist. Auch Du kannst Dich nicht ändern, Dich nur beobachten hin und wieder. Besser schweigen als jemandem Unrecht tun. In der Tram den Fahrgast Dir gegenüber ansprechen statt ihn zu ignorieren, weil Dir sein Rauschebart nicht gefällt. An anders denken, siehst Du vor Dir schlanke Mädchenbeine unterm Minirock."

Roses letzte Worte. Steigt ab von der Bank, nimmt meine Hand. Will auch mich herunter auf den Boden ziehen. Warum, frage ich mich? Mich umarmen und küssen vielleicht? Mit ihr zusammen zum Ausgang gehen? Der Bahnsteig leer von Menschen, ein neues Leben zu beginnen? Wohliges Gefühl durchströmt meinen Körper, will herunter, sie umarmen, da ist sie weg. Spurlos verschwunden, Rose und alle Illusionen in Luft aufgelöst. Als hätte mich ein Geist besucht, mit mir geredet. Den Hauch ihres Parfüms in meiner Nase hinterlassen. In meinem Kopf die Sehnsucht nach Wahrheit. Was aber ist die Wahrheit? Gibt es sie überhaupt?

Die Bibel lässt Jesus sagen: Ich bin die Wahrheit und das Leben. Wer an mich glaubt, wird leben in Ewigkeit. Immer ist von Glauben die Rede. Als ob alle anderen Fähigkeiten, Eigenschaften des Menschen keine Rolle spielten. Glaubt man doch nur, was sich nicht beweisen lässt. Gefühle aber sind konkret. Bewiesen ist, dass sie Denken und Handeln des Menschen beeinflussen: Liebe, Hass, Zorn, Ehrgeiz, Eifersucht, Trauer, sexuelle Gelüste. In jedem Menschen angeborene Eigenschaften. Jedes kann Gutes wie Schlechtes bewirken. Liebe zeugt Leben, enttäuschte Liebe tötet es. Alles ist möglich.

Noch weiß ich nicht, zu was mich mein Charakter noch treibt. Der Geist dieser Bank ließ mich einiges erkennen. Ahne jetzt, dass Papa ein Gefühlsmensch war wie ich. Stille Wasser gründen tief, sagt der Volksmund. Nicht ausgeschlossen, dass ich ihn liebe eines Tages. Wut und Enttäuschung der ersten Jahrzehnte mit der Zeit verschwunden sein, dem Bedürfnis nach Harmonie und angenehmen Gefühlen gewichen.

Wer aber bin ich? Was muss ich noch suchen? Zeugen finden, die mich bestätigen? Der Bahnsteig leer, ich könnte gehen und tun, zu was es mich treibt. Frage mich, war ich einer Fiktion erlegen? Die lange Reise unternommen in der Hoffnung, mehr über Papa zu erfahren. Um endlich Ruhe zu finden. Stattdessen diese Bank bestiegen, der Masse zu entfliehen. Die Fassaden-Skulptur mit Papas Augen gesehen. Die und keine andere. Groß bei ihm das Verlangen wie bei mir, ihre Hüfte zu umschlingen. Er hätte sie an sich drücken wollen wie ich, ihre knospenden Brüste streicheln. Und nicht aufhören können, alles zu küssen, was sich küssen lässt. Als wäre sie aus Fleisch und Blut. Mama Elli muss damals Papa genauso beeindruckt haben. Er aus dem Paradies geworfen, als sie starb. Alles danach war nur noch Erinnerung. Wie bei Rose und mir.

Bin ich jetzt dahin gekommen, wo ich wollte? Tut Vergangenheit nicht mehr weh. Weil ich verstanden habe? Papa kein Mann meiner Träume mehr, sondern ein Mensch wie ich und Millionen andere. Einer, der es nicht leicht hatte, sich zu behaupten. Den starken Mann zu spielen, den man von seiner Größe erwartete. Er muss viel mitgemacht haben, innerlich öfter geweint als gelacht. Er konnte Elli nicht vergessen. Verschloss die wenigen Fotos im Album. Angst, sie anzusehen, erinnert zu werden. Große Traurigkeit hätte ihn überfallen. Kann es ihm nachfühlen.

Als Rose tot war, liebte ich sie mehr als vorher. Versuchte ihrem Rat zu folgen und andere zu akzeptieren, auch wenn sie mir nicht sympathisch sind. Auf einer meiner täglichen Fahrten mit der Tram vor mir ein Mann, der mir sofort auffiel. Nahm immer mal wieder eine Literflasche Wein in den Mund und schluckelte genüsslich. Primitiver Typ, dachte ich, sagte mir aber, frag ihn doch mal, warum? Es stellte sich heraus, dass er Wein mehr liebte als Bier. Die Namen der Architekten alter Häuser in der Altstadt kannte. Und schon war er mir sympathisch.

Spüre plötzlich, ich kann's, wenn ich nur will. Spüre, diese Bank hat mich gelehrt, ein Mensch zu sein. Das Gehirn im Kopf lebendiger denn je. Kann das Denken nicht lassen. Frage mich zum wievielten Male: Bin ich der ich bin oder der ich sein möchte? Bin ich fähig, auf Dauer tolerant zu sein? Papa nicht nur zu akzeptieren, sondern ihn zu lieben und ihm zu verzeihen? Ich muss es herausfinden, damit die Wahrheit über mich ans Licht kommt. Und ich von der Bank absteigen und nachhause fahren kann.

Und wieder die Frage aller Fragen im Kopf: Was ist Wahrheit? Das Gegenteil von Lüge? Die allgemeine Auffassung. Ist aber Vision nicht auch Lüge, geträumte Wirklichkeit? Wahr ist, was Mensch fühlt, nicht was er weiß. Das Wichtigste im Leben eines Menschen. In meinem war Liebe das Wichtigste, wirklich und wahr. Rose die Sonne, die mich fast drei Jahrzehnte wärmte und inspirierte, Gefühle in Worte zu fassen:

Seit ich dich liebe,
schlafe ich ein mit der Sonne im Bauch
wache ich auf mit dem Mond in der Hand
tanze ich auf dem Faden der Spinne

In einem Paulus-Brief an die Korinther liest man: «Könnte mein Glaube Berge versetzen und hätte die Liebe nicht, wäre ich ein Nichts». Noch aber lässt mich die Bank nicht los. Als hätte ich noch nicht zu Ende gedacht. Gebe zu, ein Suchender zu sein. Spätzünder nannte mich ein Lehrer am Gymnasium. Bin der Wahrheit auf der Spur, in welcher Form auch immer. Für mich gehören Träume und Visionen zum Leben. Ohne die niemand leben kann. Weil sie den Alltag vergessen lassen. Selbst Sterben und Tod, denke ich an die Juden im KZ.

Wer will urteilen, ob diese Meinung richtig oder falsch ist? Ich habe auf dieser Reise, spät, aber nicht zu spät, erkannt dass ich in manchem wie Papa bin. Anfangs wollte ich wissen, wer er war. Später ihn und seine Handlungen verstehen. Seine Liebe zu Elli, meiner Mama. Sicher hatte er auch eine andere Vorstellung vom Familienleben. Von seiner Mutter nach dem Tod seines Zwillingsbruders verwöhnt. Eher ängstlich als ein Held. Auch während der Nazizeit. All das aber ändert nichts an der Tatsache, dass er mein Vater ist. Ich werde ihn nicht nur akzeptieren, sondern lieben, wie ich mich selbst liebe. Seit mir bewusst ist, dass auch ich nicht frei von Egoismus bin. Mich selbst und mein Können oft überschätze. Begegnete er mir jetzt, hätte ich den Mut, ihn zu fragen:

Hast Du Elli mehr geliebt als andere Frauen? Mehr als Guste und Deine Kinder? Wir würden gemeinsam ein Bier trinken und uns zum Abschied umarmen. Bin ich wieder einer Vision verfallen? Was meinen Sie?

Über den Autor

Otto W. Bringer, 89, vielseitig begabter Autor. Malt, bildhauert, fotografiert, spielt Klavier und schreibt, schreibt. War im Brotbe-
ruf Inhaber einer Agentur für Kommunika-
tion. Dozierte an der Akademie für Marke-
ting-Kommunikation in Köln. Freie Stunden
genutzt, das Leben in Verse zu gießen.
Mit 80 pensioniert und begonnen Prosa zu
schreiben. Sein Schreibstil ist narrativ, "ich

erzähle" sagt er. Seine Themen sind die Liebe, alles Schöne dieser
Welt. Aber auch der Tod seiner Frau. Bruderkrieg in Palästina.
Werteverfall in der Gesellschaft. Die Vergänglichkeit aller Dinge,
die wir lieben. Die zwei Seelen in seiner Brust.

Weitere Bücher von Otto W. Bringer

"ROSE LEBT": Wieder auferstanden in diesem Buch. Lebendig in Bildern und Liebesbriefen an die Verstorbene.
Taschenbuch mit 230 Seiten und 15 Fotos

"MALLORCA mit allen Sinnen": Land und Leute kennen und lieben gelernt. Das Meer, die Buchten, in Finkas gewohnt und in Nobelhotels. Mit Einheimischen gefeiert.
Taschenbuch mit 212 Seiten und 21 Fotos, auch als E-Book lieferbar

"ITALIEN mit allen Sinnen": Die Wiege abendländischer Kultur. Ziel ihrer Sehnsucht, Menschen kennenzulernen. Zu sehen, zu erleben, was Kunst ist. Einschließlich kulinarischer Genüsse.
Taschenbuch mit 242 Seiten und 21 Fotos, auch als E-Book lieferbar

"FRANKREICH mit allen Sinnen": Nachbarland, in dem Geschichte lebendig ist. In römischen Theatern, Klöstern und Königsschlössern. Kultur eingeatmet, Geschichte hautnah erlebt. Sterneküche und Bistros genossen.

Taschenbuch mit 220 Seiten und 30 Fotos, auch als E-Book lieferbar

"ZUHAUSE – Wo?" Autobiographie, eine lange, detailreiche Geschichte. Mit Niederlagen und Siegen. Überraschenden Höhepunkten und geplanten Erfolgen. Liebe und Tod die Eckpunkte allen Geschehens.
Taschenbuch mit 443 Seiten

"GESICHTER das Rätsel hinter den Fassaden" Alles hat ein Gesicht. Essays über Pharaos Goldmaske, Jesus von Nazareth, Karl der Große, Goethe, Adenauer, Marilyn Monroe u.a. Ein Hund, Landschaft, Städte und der Autor selbst im Spiegel. Findet er des Rätsels Lösung?
Taschenbuch mit 250 Seiten und 18 Abb., auch als E-Book lieferbar

"AUGE um AUGE": Roman über den Konflikt zwischen Juden und Palästinensern. Politische und gesellschaftliche Probleme. Ein Mann und zwei Frauen darin verwickelt. Eine von ihnen ist Jüdin. Engagiert mit ihrem Freund für Versöhnung. Sie lernen sich kennen und das Drama nimmt seinen Verlauf. Tote auf allen Seiten. Ein Mann, eine Frau bleiben und ein dreijähriges Kind.

Taschenbuch und Hardcover mit 286 Seiten, auch als E-Book lieferbar

"PORCUS – das charakterlose Schwein" Fast ein Krimi. Lebenslauf von Gymnasiasten, die sich mit lateinischem Namen ansprechen. Porcus einer, der sie verpetzte, als sie in der Pause mit Mädchen schmusten. Später versuchte er einen von ihnen zu töten. Was ihm nach vielen schlimmen Ereignissen zum Schluss auch gelang. Weil er einen schlechten Charakter hatte?

Taschenbuch und Hardcover, 224 Seiten, auch als E-Book lieferbar

"Das Rätsel Frau" – aus der Sicht des Mannes. Weil sie anders ist. Nicht nur anders aussieht, sondern vor allem anders denkt, fühlt, reagiert und entscheidet.

Taschenbuch und Hardcover mit 144 Seiten, auch als E-Book lieferbar

"Fräulein QUAKIS Versuche ein Mensch zu werden". Geschichte einer Freundschaft zwischen einem kleinen Mädchen und einem Froschfräulein. Was so hoffnungsvoll begann, endet in einem Desaster. Alle Versuche Deutsch zu lernen scheitern. Wundermittel, Wallfahrten und Gentransplantion bleiben erfolglos. Sie bleibt ein Frosch. Und endet nicht wie der Frosch in Grimms Märchen.

Taschenbuch und Hardcover mit 104 Seiten, auch als E-Book lieferbar

"Adieu – Nichts bleibt …"
Jeder weiß, dass Abschiednehmen zum Leben gehört. Sich trennen müssen von dem, was wir lieben, gewohnt sind. Wir verdrängen den Gedanken daran, aber es hilft uns nicht. Leben heißt sich verändern. Kommen und gehen wie Frühling, Sommer, Herbst und Winter. Wachsen und reifen und sterben. Sonst wäre es nicht lebendig, sondern tot.
In 38 Kurzgeschichten erzählt der Autor, wie er selbst und viele andere dieses ständige Abschiednehmen erlebten. Besser gesagt überlebten. Jedes Mal tieftraurig danach, gefasst oder reifer geworden in Einsicht und Charakter. Entschlossen Neues zu beginnen oder es hinzunehmen wie ein unvermeidliches Schicksal.
Taschenbuch und Hardcover, 187 Seiten, auch als E-Book lieferbar

"Mann Gottes" Der Mann Theologe und Dozent an einer katholischen Akademie. Die Frau heimgekehrte Russlanddeutsche, verheiratet. Sie verlieben sich, begehren einander. Probleme bleiben nicht aus. Innere Zweifel, äußere Zwänge führen zu einem Fiasko.

Taschenbuch und Hardcover, 224 Seiten, auch als E-Book lieferbar

"Ich bin nicht der ich bin" Wer bin ich? Die Frage treibt den Autor um. Denkt und denkt und kommt nach vielen gedanklichen Pirouetten zur Erkenntnis: ich bin ein Mensch wie andere. Mal so, mal so. Wechselhaft wie das Wetter.

Taschenbuch und Hardcover, 83 Seiten, auch als E-Book lieferbar

„ALTER EGO – das andere Ich" Das Leben eines Mannes, der zweihundert werden will. Unterwegs zu den fantastischsten Abenteuern. Alltags in Freiburg, im Universum auf den Flügeln seiner Fantasie. Und bei sich selbst. Herauszufinden, wer er ist. Liebt, malt, spielt Klavier, kocht. Ein Mensch mit mehr als zwei Identitäten? Alle in einer Person? Mehr als Gott in drei. Höchst spannend, seiner Vita zu folgen. Der Auferstehung seiner toten Rose.

Taschenbuch und Hardcover mit 384 Seiten. Auch als E-Book lieferbar.

„Das Haar in der Apokalypse" Die aufregende Geschichte von einem Haar aus der Wolle eines provençalischen Schafes, im 14. Jahrhundert zu Garn gesponnen, zum Gewand des Apostels Johannes und Gottvaters geknüpft. In fantastischen Bildern der Apokalypse, den Endzeitgesängen des Johannes, auf riesengroßen Teppichen nebeneinander gehängt in einer Länge von über 100 Metern. Ein ausdrucksvoll eindringliches Spektakel mittelalterlicher Vorstellungen vom Ende der Welt - und einem Haar, das nicht sterben wird, solange die Teppiche im Schloss von Angers an der Loire hängen.

Taschenbuch und Hardcover mit 136 Seiten. Auch als E-Book lieferbar.

„Das Experiment" Parabel könnte man dieses Buch nennen. Philippe Emmanuel Escargot ist klein von Ge-stalt. Hoch begabt, träumt, der Größte zu werden. Die Idee Im Kopf, Häuser für Menschen zu bauen, die wie Schneckenhäuser aussehen und funktionieren. Zuhause sein und un-terwegs gleichzeitig. Studiert Architektur, experimentiert, verliebt sich. Schei tert, beginnt wieder von Neuem. Er will mit seiner Freundin im Schneckenhaus wohnen. Das Experiment gelingt, wie es den Anschein hat.

Taschenbuch und Hardcover mit 244 Seiten. Auch als E-Book lieferbar.

In der modernen Welt wird es für das Individuum zunehmend schwieriger, sich gegen Visionen von Größe bei Politikern zu behaupten und Moden aller Art, die laufend wechseln. Globalisierung und Digitalisierung nehmen zu, in bisher unvorstellbarem Tempo, gefährden Arbeitsplätze, ver-wischen Maßstäbe. Groß muss alles sein, um mehr Macht zu haben. Der Einzelne scheint wehrlos. Die Gefahr, sich selbst zu verlieren, ist groß – Selbstbestimmung nur noch ein Wunschbild? Beispiele in diesem Buch zeigen, dass es geht, wenn der Mensch seine Ansprüche reduziert und ein bisschen Mut aufbringt der zu sein, der er ist.

Taschenbuch und Hardcover mit 228 Seiten. Auch als E-Book lieferbar.

Friedrich II., Kaiser des Heiligen Römischen Reiches — der mächtigste und fortschrittlichste Potentat seiner Zeit wird aller Ämter beraubt. Was macht ein Mann, den die Kirche entmachtete? Der als Erster ein Gesetz zur Reinhaltung der Luft erließ? Der Fremde in sein Land holte, um es zu bereichern? Der Universitäten gründete, Bücher schrieb und Frauen nicht nur liebte, um Nachfolger zu haben?

Taschenbuch und Hardcover mit 400 Seiten. Auch als E-Book lieferbar.

Nichts bewegt Menschen so sehr wie Sterben und Tod. Die Angst vor dem endgültigen Aus besteht zwar meist unbewusst, treibt uns aber an und motiviert uns, am Leben zu hängen, es zu lieben - mit allen Fasern unseres Seins.

Dieses Buch definiert Gründe für die Angst vor dem Tod, ebenso die Tricks, ihm auszuweichen, ihn zu ignorieren sowie die Rolle der Religionen dabei - vom sogenannt »finsteren Mittelalter« bis in die aufgeklärte Gegenwart.

Wer es aufmerksam liest, entdeckt hinter allem Positives. Das Buch ist eine Aufklärungsschrift über die Macht des Todes, aber ebenso eine einzige Hymne an das Leben. Die Bekenntnisse des Autors: Liebeserklärungen eines Optimisten.

Taschenbuch und Hardcover mit 356 Seiten. Auch als E-Book lieferbar.

Obst und Gemüse sind die gesunde Basis unserer Ernährung, das weiß jeder halbwegs vernünftige Mensch. Vielleicht muss man aber auch ein Biologe sein, um zu wissen, warum.

In diesem Buch hat ein Poet sich inspirieren lassen, Obst und Gemüse auf seine Weise gesehen und interpretiert – anders als Markt, Supermarkt und Biologen es definieren.

Formen verändern sich und bleiben, was sie sind. Farbe zeigt Wechselwirkungen. Alltägliches kommt auf neue Gedanken, träumt Schönes, wird Bild und Vers.

Taschenbuch und Hardcover mit 108 Seiten. Auch als E-Book lieferbar.

Otto W. Bringer

Glasgedanken

○ tredition'

Gläser, Schalen, Krüge, Kugeln, Leuchter aus flüssigem Kalk-Natron – geblasene gläserne Gegenstände sind nützlich zumeist. Schön manchmal. Immer aber zerbrechlich. Wir gehen sorgsam mit ihnen um. Putzen, polieren, damit's blinkt, schön glänzt und durchsichtig ist. Es könnte dahinter noch was zu entdecken sein. Anregendes. Nachdenkliches. Gefühle wecken. Erinnern, bewegen und hoffen wider alle Hoffnung.

Alles das kann geschehen, denn der Autor dieses Büchleins hat Gläsernes ins rechte Licht gerückt. Im richtigen Moment auf den Auslöser der Kamera gedrückt. Die Fotos im PC modifiziert. Um sich inspirieren zu lassen zu dem, was Sie in diesem Büchlein lesen. Glücklich, wenn Schönes Sie berührt. Und nachdenklich. Erkennen Sie sich selbst in dem ein oder anderen.

Taschenbuch und Hardcover mit 96 Seiten. Auch als E-Book lieferbar.